U0004709

最強
學習法大全

能實現超高效學習成果的 100個技巧

和田秀樹 著

劉愛夌 譯

晨星出版

前言

根據多年來指導考生以及人生經驗，我發現學習是有「技巧」的。

假設有兩個記憶力跟思考能力都不相上下的人，沒有學習技巧的人通常是功虧一簣，能抓住學習技巧的人則能做出非凡成果。

曾有人這樣批評我的「應試讀書法」：「你要學生背數學答案，幫他們用最低分考上第一志願，但考上了又怎麼樣？之後還不是混吃等死。」

然而，過了十年、二十年後，結果卻跟這個人說的完全相反。

那些對學校老師言聽計從的考生，考上大學後反而喪失了讀書目標，即便在大學各科都拿Ａ，出社會後大多卻淪為對上司百依百順的「社畜」。反觀那些用技巧考上大學的人，上大學、出社會後，都習慣性地尋求讀書與做事的技巧，這讓他們殺出重圍，不願盲從上司的命令，順利另謀高就或自行創業。

本書收錄了一百條學習法則，這些都是我基於自身經驗精挑細選出來的「精華」。這些法則不僅可用於求學過程，就連出社會後也非常受用。

這本書不是用來「閱讀」的，而是用來「嘗試」的，所

以你不用從第一頁讀起，只要選讀自己需要的項目即可。

也就是說，各位不用堅持讀完甚至實踐所有項目，只要選出幾個適合自己的項目來嘗試看看，就能做出比現在更好的成效。

在這個「非學不可」的時代，只要你願意嘗試挑戰，遇到瓶頸就調整做法，培養出「樂於挑戰，善用技巧，樂活人生」的人生觀與習慣，就一定能夠脫穎而出，臨機制勝！

希望本書不只能增進你讀書的技巧，還能將你送上幸福之路。

二〇二〇年五月

和田秀樹

最強學習法大全　◎目次

第2章 進修學習應具備的思維與心態

第 3 章 提升學習效率的必修課

第4章 事半功倍時間運用術

第**5**章 快狠準之神速學習法

第6章 學以致用的實際使用術

第 1 章

這是一個
「非學不可」的時代

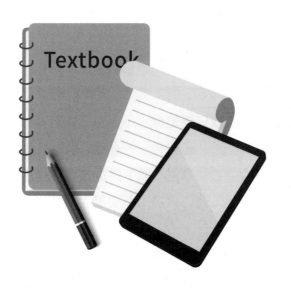

不讀書，
就無法脫穎而出

各位有聽過「學歷不代表一切」這句話嗎？這句話一開始是用來安慰那些考不好的考生。

但就現在的狀況而言，這句話反而是一種「警醒」，提醒我們不可以出了社會就停止學習。以前只要有漂亮的學歷，出社會後就能夠平步青雲，但現在已不可同日而語。

以前常聽人說，人生成就取決於人生前二十年讀多少書。但各位有沒有想過，這句話是成立於「平均壽命較短」的時代。

以前大學畢業後只要工作三十年，五十五歲就能退休。現在則是六十五歲才能退休，一般都要工作到七十歲、七十五歲。技術會過時過氣、隨著時間被新技術取代，要在社會上闖蕩五十年，就必須邊工作邊學習新技術。

當然，你也可以在工作過程中「更新知識」，但人通常只專注於眼前的事物，要隨心所欲地汰舊換新實屬困難。若想要拓展工作版圖、釐清目前的工作有什麼意義，就必須刻

意去學習新知。

　　看到這裡一定有人心想：「這也太為難人了吧？」但你想想，感到為難的肯定不止你一個，你的同事、其他公司的競爭對手，一定也對此感到一個頭兩個大。沒錯，絕大多數的人都覺得自己很忙，忙到沒時間精進自我。

　　換個角度來看，在這樣的情況下只要你肯努力，就能跟別人拉開差距，在群體中脫穎而出。**經驗和知識就是你的武器裝備，別人做不到的事，你卻做得到**，你能說別人不會說的語言、知道別人不知道的國際情勢、擁有同行沒有的新技術……這些在職場上都非常受用。

　　雖說工作年數變長，但只要在漫長的工作生涯中跳脫舊軌道一、兩次，還是能夠打破現狀，挽回頹勢。鼓起勇氣努力學習後你會發現，很多人對這樣的努力都抱持著正面評價。因此，還請各位盡可能地精進自我！

心動不如行動

　　身處於這個瞬息萬變的時代，更需要與時俱進，不斷學習新知。工作得空時，請務必為自己尋找學習的主題。

靠學習增加裝備，打敗那些不學習的人

為什麼這個世間有這麼多差別呢？不是人人生而平等嗎？——約一百五十年前，有個人對這個問題給出了答案，那就是福澤諭吉。他認為，原因出在「有沒有讀書」。

福澤諭吉在其知名著作《勸學篇》的開頭處寫道：「上天不在人上造人，也不在人下造人。」隨後又說：「然而放眼當今世間，有聰明之人，也有愚笨之人；有貧窮之人，也有富有之人；有高貴之人，也有低賤之人。為何會有如此天差地別呢？」他強調：「賢人與愚人的差別在於學習與否。」這些話聽來刺耳，但換個角度想想，接下來將進入實力至上的時代，只要你肯奮發圖強，定能反敗為勝。

以前的人一出生就註定了身分，因而引發了許多批判與反彈。時至今日，常有人用這個觀念來批評學歷社會。但仔細想想，如今**只要你肯努力，就能為自己拓展舞台**，跟以前比起來已經好太多了。

　　日本人在太平洋戰爭吞敗後，全國人民面對著一片焦土、面對著同樣的貧窮，在平等的狀態下一切重新來過。大多戰後出生的孩子，都是在公立學校中拼比成績，一路競爭過來的。該時代的「勝利組」在為人父母後，為了讓孩子贏在起跑點，很早就送孩子上補習班，想方設法將他們送進六年一貫的私立中學就讀，導致公立高中地位不斷下降，因而造就現在日本的「教育落差現象」。

　　很多人認為，在這樣的環境下，只有有錢人家的孩子才擁有較多的學習機會，學力完勝窮人。這個說法其實只對了一半，學力跟父母的年收確實有一定的關聯，但事實證明，當父母的年收超過一定金額，孩子反而較不願意讀書。

　　原因可能是他們知道自己就算不努力讀書也不會餓死。這就是你逆轉勝的機會了！我們可以趁著那些有錢人鬆懈時努力念書、增加自己的裝備，累積財富，拓展自己的舞台。

　　在沒有其他人的陪伴下，獨自一人奮發向上或許有點孤單。但別忘了，這反而能讓你大放異彩，與其他人拉開差距。當你能做到別人做不到的事時，自然就會成為同儕中的大紅人。

心動不如行動

　　當別人在原地踏步時，就是你提升自我實力的大好機會！快為自己找個進修主題吧！

一起安逸過活，
只會一起衰敗沒落

　　你聽過「日本大學生是全世界最不用功的」這個說法嗎？事實上，「在課堂上睡覺也能拿學分」已經是過去式了，而且是很久以前的事。

　　在家長的要求下，現今大學就像是高中的延伸，對出席的要求相當嚴格。再加上現在學生進入大學時的學力比以前差，所以必須努力填補鴻溝。先不論好壞功過，就事實而言，現在的大學生真的比以前用功。

　　那出社會後呢？很多人在找工作時不斷碰壁，這群人因為吃過苦頭，所以深知「學習」的重要性。然而，整個社會卻對他們貼上「高意識系[1]」的標籤，把他們當作揶揄嘲笑的對象。

　　當一個團體的為上者視努力為無物，死守著老舊的價值觀，是無法改變成真的──相信不只我一個人這麼認為吧？

　　二〇一六年的資料數據顯示，在經濟合作暨發展組織

1　譯註：原文為「意識高い系」，意指喜歡裝模作樣、虛榮心強的人。

（簡稱經合組織，英文為 Organisation for Economic Co-operation and Development，簡稱 OECD）的會員國中，日本成人「重返學校進修」的比例是最少的。

這裡的「重返學校進修」不只限於讀研究所又或是 MBA（企業管理碩士）。我們不能以偏概全說日本人畢業後都不進修，但不得不說，這很明顯是日本職場制度所帶來的弊端。

應屆畢業生統一招聘、年功序列、終生雇用等「橫向並列制度」，只會讓大家害怕在同儕中太過出眾，擔心樹大招風，因而變得只在乎內部評價，忽視外部的學習進修。

這或許能讓人對眼前的工作變得更專精，但是這只適用於變化較少的時代。先不說別的，如果你上班的公司倒閉了，你該怎麼辦？如果你經常在各部署間調動，又要怎麼強調自己的專業能力？

在尋找新工作的過程中，擁有進修經驗又或是特別證照的人，通常較能獲得青睞。或許你學到的新技能，就是新公司所需要的呢！不僅如此，學習新知還能拓展人脈，有問題可以向學友求助。你所學習的最新知識，也許就是對方錄取你的關鍵！

心動不如行動

「在同一間公司做到退休」的時代已然結束，我們應培養自己的獨特性，不再害怕「特立獨行」。

愈來愈多的學習良機，
只等你來逆轉勝！

按照前面的說明，應屆畢業生統一招聘、年功序列、終生雇用等制度為勞工提供了穩定的生活，卻剝奪了人們的學習意願。不過，現在情況已出現很大的轉變。

企業體力衰退後，很多公司已無法終生僱用員工。為了能夠隨時換工作，比較有危機意識的商務人士經常到處進修，一方面精進自己的技能，一方面在公司外建立人脈。在這樣的背景下，求職時必看的「學校歷」，在進入公司一段時間後就完全派不上用場了。

以往能夠在百忙之中抽空進修的，只有冰山一角的菁英層。進修能讓人出人頭地，但要所有人依他們的標準精進自我，不僅抽不出時間，也沒有那麼多閒錢。

現在的社會不同了，隨著「**職場改革**」的推行，加班不能超過規定時數，員工待在公司的時間變短，商務人士終於擁有較多屬於自己的時間。

在這樣的制度下，忙碌的雙薪家庭或許可以早點回家照顧孩子，但對某些族群而言，「晚歸」早已成了一種理所當

然，家庭並非他們的歸所，不能加班後，他們反而無處可去。

如果你是這種人，又或是急欲充實自己，建議可以進行**「跨界學習」**。這裡的「跨界學習」是指社會人士跨出職場、家庭，到共同工作空間又或是衛星辦公室等場所進修。跨界學習大多是以共同參與的形式進行，較少聽課型的講座，參加起來比較沒有壓力。受到新冠疫情的影響，現在也開設了不少線上讀書會。

隨著大環境的變化，進修學習的門檻已較以前降低許多。人們只要花上一點時間，就可為自己添加新的知識技能。就如前面幾篇提到的，現在不進修的人比進修的人多，這可是你脫穎而出的大好時機！

現今這個時代，只要上網查一下，就能查到你需要的讀書會。當然「學校歷」還是具有一定的重要性，但懂得更新「學習歷」的人，更能在現代職場展現自身魅力。

心動不如行動

現代人要進修已比以前容易許多，我們可上網查詢相關資訊，設法抓住這些學習機會，積極參加和運用。

有最起碼的知識才有辦法思考

　　你是不是認為「現代人不用記住太多資訊，有什麼問題上網查一下就好」呢？網際網路已經普及很久了，現在有任何不懂的事，只要上網鍵入幾個關鍵字就能查到相關資訊。不過也有人認為，光有知識是不行的，更重要的是思考能力，也就是活用知識的能力。

　　這種說法並沒有錯，但什麼是「思考能力」呢？**當你擁有更多知識，推論才能更為精確。**

　　看到這裡應該有人感到不以為然吧，接下來我要舉兩個考試的例子證明這個說法，一是司法特考的論文測驗，一是慶應義塾大學文學院的英語入學考。

　　日本司法特考在進行論文測驗時，會發給考生《六法全書》。考生必須精準地針對考題進行查詢，最後彙整出答案。當考生與考題抱持不同看法時，就必須找到適合的條文來反駁之。

　　當然，考生不用把法條一字一句背起來，但一定要對法條有最起碼的理解，否則根本不知道從何查起。

　　此外，慶應義塾大學文學院的英語入學考也允許考生帶英文字典進場，讓考生在遇到不懂的單字時可以查字典。但你想想，單字量多的考生跟單字量少的考生，後者一定得花較多時間翻查，考試過程還是對前者較為有利。由此可見，我們還是需要一定程度的知識。

　　也許有人認為，在這個「網路萬能」的時代，這種考試本身就已經過時了。但請想想，網路上的資訊真的完全正確嗎？AI（人工智慧）的精準度真的完美到無可挑惕嗎？邏輯思考難道不需要足夠的詞彙量來表達自己的想法嗎？答案很明顯，知識還是不可或缺的。

　　知識是思考的中樞基盤，正因為我們身處於非常便利的時代，才必須學習更多知識。還請大家謹記這一點，積極投入學習。

心動不如行動

　　沒有知識就無法思考。為了能夠更精準地推論、提升思考能力，請務必為自己儲存更多知識，建立思考的基盤。

身處 AI 時代，你更需要進修！

二〇一一年，美國大學教授凱西・戴維森（Cathy Davidson）所說的一段話震驚了全球。

「在二〇一一年度升小學的美國學童中，有百分之六十五在大學畢業後會從事現在不存在的職業。」

一說認為，以後 AI 不只會取代單純的勞動工作，就連律師、醫師這種很難取得執照的職業，也逃不了被取代的命運。不少人因此認為：「既然如此何必浪費時間讀書？再怎麼用功還不是贏不過 AI。」

我認為這樣的說法太過片面。或許以後我們不再需要「單純的萬事通」，遇到困難時也不用一味求解，但其實，歷史上早出現過令人愕然的事實。

一九八〇年代，英國政府曾認為今後所有人都將使用計算機，人類已不需學習單純的計算技巧，所以在學校廢除了計算課程，只教學生應用題。但後來他們發現，學生不僅解不開應用題，就連基礎的算式都不會，整體學力嚴重下降。

而讓學生背「19×19乘法表」的印度，卻接連培養出優秀的資訊科技人才。

　　總歸一句，無論身處什麼時代，不讀書就無法在社會中存活。**有人認為 AI 縮短了各種階級落差，但說來遺憾，在我看來正好相反。**進入 AI 時代後，各行各業的內部落差應該是只增不減。

　　那麼，AI 能取代什麼呢？我認為 AI 能替人類處理繁雜的事務作業，減輕工作負擔，這麼一來，優秀人才就能完成更多的工作。

　　在這樣的情況下可以想見，如果你工作慢吞吞，又或是沒有什麼特別的強項，自然就會失去工作，被他人遠遠拋在後面。

　　之後人類將進入「運用所有舊經驗，挑戰當今新事物」的時代。想要成為有能力運用 AI 的人，就必須進一步發展自己的強項。

心動不如行動

　　隨著 AI 的運用領域愈來愈廣，人類該負責哪些工作也變得愈發明確，請各位務必思考如何讓自己發揮所長。

「如果」是
開創新時代的關鍵

前面我們談到，進入 AI 時代一樣需要讀書或進修。這一節要跟大家聊聊，學習有哪些好處。

不瞞各位，我其實是《哆啦A夢》的鐵粉。《哆啦A夢》從很久以前就是日本的國民卡通，但很多人不知道，以前常有人拿大雄的個性做文章，批評他不知進取、混吃等死。

大雄不會讀書，又是個運動白癡，遇到問題就會向哆啦A夢求助，要他拿出道具解決問題。

各位發現了嗎？哆啦A夢非常符合上一個時代所追求的「人才形象」，也就是無所不知、無所不能。但現在呢？老實說，我覺得大雄很厲害，因為他知道自己的困難在哪、知道自己想要什麼，**不僅能發現問題，還能把問題表述出來**。

如果有人問你：「你現在想要什麼？」應該很少人能馬上回答出來。如果剛好肚子餓了，你可能會回答「食物」，如果不餓，大概會回答「時間」……除此之外，大概很少別的答案。

身處在這個供過於求的時代，在消費財廠商工作的人應該都有一個迫切的煩惱，那就是無論做出什麼高品質的產品，消費者都不太買單。

在這樣的大環境下，能搞懂消費者需要什麼的人，自然能獲得器重與青睞。簡單來說，就是抓得住市場走向的人。

如今製造技術日新月異，但能做出最新的產品，跟能不能做出消費者需要的產品完全是兩回事。

很多人不知道，要釐清消費者的需求，其實需要高度的知識。不能只是茫然地完成工作，而是要找出疑惑、發現問題。

除了邏輯思考以外，專家還開發出設計思考、藝術思考等各種思考法，幫助人跳脫常識、引導出獨具匠心的構想。

要像大雄一樣把自己的疑惑與問題說出來，並非一件簡單的工作。建議大家一開始可先思索一個問題：「如果有這樣的東西該有多好……」並養成思考這個問題的習慣。

心動不如行動

如今這個時代，「發現問題的能力」比「解決問題的能力」更重要，還請各位多留心周遭的人事物。

第 **2** 章

進修學習應具備的
思維與心態

提升對資訊的
敏感度

　　看完第一章，相信你已經了解「學習」的重要性。第二章我要跟大家談談學習應具備什麼樣的心態，以及要特別注意哪些地方。

　　活在這個時代，我們應特別精進「特有的強項」，而非隨波逐流、看別人學什麼就學什麼。不過，學習有很多方式，你可以去讀MBA，也可以上補習班考證照，又或是自己一個人進修學習。

　　到學校、補習班進修，不但有老師教你，還有同儕可以一同努力，學習過程通常較為順利。而自學也有好處，那就是**沒有時間與金錢的限制**。在沒有課程的情況下靠著自律學習——若能做到這一點，就已經培養出很大的強項了。

　　此外，不是什麼證照都有補習班可以報名的，如果你想要學的東西市場規模較小，又或是光靠補習無法滿足你的需求，那就只能選擇自學，自己閱讀相關書籍，又或是找人一起共同學習。

　　自學的優點在於不用花大錢，還能在屬於自己的空間鑽研興趣。

　　若能把自己學到的東西教給別人，或許還能獲得回饋，這麼一來，不僅可以學到更多，還可以拓展人脈，進而獲得更多資訊，提升自己在各種領域的敏感度。

　　不僅如此，學習還可以防止大腦老化，讓你更年輕、更健康。

　　自學好處多多，如果要我硬擠出自學的缺點，那就是比較花時間，以及比較難確認自己的狀況。既然要花時間，選題就顯得格外重要，也建議各位可以找人一起自學，以免陷入「一人獨大」的狀況。

　　只要願意花時間學習，學到的東西就會成為你的裝備武器。別忘了，知識和人脈是不會背叛你的。

心動不如行動

　　自學較為自由，可跳脫限制與框架。建議大家選擇自己專屬的主題自學，設法引導出自我強項。

懂得推論，
就不怕沒飯吃

　　二十一世紀已過完五分之一，學歷社會、年功序列、終身雇用等制度的崩潰，相信各位應該都已耳熟能詳。以往將學歷和知識量視為判斷「聰明才智」的標準，今時卻已不同往日，現代社會除了舊有的邏輯思考，也相當重視「直覺式」的設計思考和藝術思考。

　　觀察現狀的你會發現，在這個競爭激烈且充滿落差的社會，勝出的還是那些擁有聰明才智，又或是擁有高學歷等文化資本的人。大家都說學歷並不代表一切，但各大名校還是被蜂擁而至的考生踏破門檻。由此可見，如果你不願參賽，就會被自動淘汰。

　　不僅如此，許多企業在招聘人員時，都改以「天資」決定是否予以錄用，不只看最終學歷，還會看選考成績、讀哪所高中……等，從不同角度進行評量。

　　問題是，今後的時代究竟講求什麼樣的聰明才智呢？認知心理學認為，**「思考」是指「運用知識進行推輪」**。

　　這裡說的知識，不只是方程式、物品名稱等零星型知識，也包括烹飪方法、談判交涉技巧等經驗型知識，也就是人類透過經驗和學習所獲得的綜合型知識。而在接下來的時代，我們必須運用這些知識來推測未知事物。

　　簡單來說，就是運用過去的經驗與知識來進行推論，在這樣的情況下，擁有愈多知識就愈佔上風。但別忘了，若不懂得如何運用，擁有再多知識都是白搭，所以我們必須訓練自己對知識的運用能力。就這層意義而言，記住各種棋局的破解方式、數學的解法，就是很好的訓練材料。

　　能夠基於知識做出適當推論的人，通常都能夠順利解決問題。若能做到這一點，不僅考試得利，日常生活也相當受用。

心動不如行動

　　要做出適當的推論，就必須學習大量知識，並接受活用知識的訓練。建議大家可訓練自己的數學思考能力。

有策略地學習，讓你賺更多錢

　　請各位看看身邊的人，那些大家眼中「工作能力強」的人有哪些共通點呢？你是否覺得其中有些人實力並不特別優秀，只是受到幸運之神的眷顧呢？像是「天生很有主管緣」，又或是「恰巧從前輩那邊接下大案子，所以業績才會那麼好」……等。

　　當然，光靠運氣出頭天的個案也是有的，但這裡要帶大家換個角度來思考——為什麼他們能抓住這些幸運？為什麼別人會想要把大案子交給他們？這背後是不是有什麼原因呢？看到這裡，相信已經有人知道我要說什麼了吧？這裡說的原因就是「學習」。

　　無論是在公司內部開會又或是到外面跟客戶談生意，除了要擁有高超的談話技巧，還得擁有豐富的「知識」。這些知識能幫助你跳脫表面，向他人展現自己的深度。而能夠將你提升到這個層面的，就只有「學習」。

　　假設你是一名技術業務專員，除了必須對技術內容瞭若指掌，還得知道這個社會為什麼需要這些技術、造就這些需

求的政治經濟背景為何。在提出新企劃時，也必須向公司解釋為何需要這個企劃，並分析出時代背景與顧客需求。

　　從這樣的觀點來看，若不好好讀書，是無法做出成效的。

　　二〇一六年七月四日號的日本雜誌《PRESIDENT》中有一篇文章，介紹了年收兩千萬日圓跟五百萬日圓的人在學習方法上有何差異。文中提到，年收兩千萬的人會特別空出時間進修，在外也很積極地參加各種研討會和讀書會。

　　年收較高的人都很懂得有效運用空檔時間，再忙也會空出時間精進自我。他們關心政治與經濟，也喜歡閱讀。以前醫師和律師只要考上執照，就能確保一輩子平步青雲，但今時不同往日，即便考上「師」級職業，還是得隨時更新知識。在**今後的時代，遇到任何不懂的事情，已經不能用「又沒人教我」來搪塞帶過**。建議各位一定要主動獲取知識，設法提升自身能力。

心動不如行動

　　有效運用空檔時間，盡可能地學習新知，精進自我。

沒有目標
就無法前進

　　為什麼長大後要進修這麼難呢？因為每天忙著工作、忙著帶小孩、忙著跟朋友聚餐……無法進修的原因有百百種，但最主要還是因為「缺乏動力」。

　　無論再怎麼忙，當「必須讀書」時，我們還是會擠出時間努力用功。如果你在國高中有玩社團，而且還能兼顧學業，那你應該記得當時大考迫在眉睫、不斷往終點衝刺的那股衝勁。但是，出社會後的學習是沒有「終點」的，就算有也非常遙遠，導致大多人都提不起鬥志前進。

　　簡單來說，出社會後有太多必須優先完成的事，以至於很難有動力進修。

　　隨著年紀增長，我們的體力愈來愈差、動力也愈發薄弱，實在很難重返學習崗位。大多人在沒有特別動機的情況下，是不會「自找麻煩」的。

　　動力可粗分為**「內發動力」**和**「外發動力」**。

　　「內發動力」是「學開心」的，對這類人給予學習獎勵有時會造成反效果。

　　「外發動力」簡單來說就是「紅蘿蔔加棍子」，有學就打賞，不學就處罰，前者比如發放獎金，後者比如罰錢或開除。

　　重點不在於「紅蘿蔔」和「棍子」哪種方式較好，每個人的「紅蘿蔔」和「棍子」都不一樣。**我們應釐清哪種動力對自己較為有效，以及身邊有哪些動力可用。**

心動不如行動

　　動力可分為內發動力和外發動力兩種。

　　我們應找到適合自己的動力，隨時保持滿滿幹勁。

拓展人脈，
燃燒學習鬥志

　　上一篇談到學習動力的種類，這篇要進一步針對「社會人士」來進行討論。

　　以前我帶領心理商務智囊團時，曾研究過社會人士的進修動力。除了「紅蘿蔔加棍子」之外，可彙整出以下三大法則和九個原理。

① 希望法則
　　1 努力就有收穫
　　2 感覺能做好做滿
　　3 有助掌握執行要領
② 充實法則
　　4 有趣且確實在進步
　　5 自己的選擇自己負責
　　6 備受他人期待

③ 關係法則

　　7 可以安心

　　8 引發興趣

　　9 產生一體感

　　在日本又以③關係法則最為重要。為什麼美國的「實力主義」打不進日本呢？因為日本企業非常注重「團體」，比起出人頭地、爭取高薪，他們更渴望獲得他人認同。**比起工作和讀書本身，日本人更注重從中獲得的「人際關係」。**

　　進修一方面能受到公司表揚，讀MBA等課程還可拓展外部人脈，結交合作夥伴，或許還能幫助我們找到退休後的工作。

　　對商務人士而言，「建立人脈」絕對是非常重要的進修動力。

心動不如行動

　　當努力受到肯定，心態也會變得更為積極。建議大家可透過進修來結交互相肯定的朋友，拓展將來的可能性。

有動力，
更添學習樂趣

學習動力百百種，但可以確定的是，有了動力的加持，學習將變得更加有趣。

假設你是名業務，你可以去商學院進修，從學術的角度深入研究業務工作，又或是跳脫業務範圍，學習人事相關知識，報考社會保險勞務士執照。

如果你原本大學想讀藝術科系，卻因為就業考量而進入經濟學院就讀，那你可以報名函授大學，透過通訊教育攻讀藝術學位。

相反的，有些人大學選讀文學院，出社會工作後才發現自己對社會機制更有興趣，所以就進入公共政策研究所，攻讀與本科系完全不同的碩士學位。

　　這樣的例子在美國屢見不鮮，很多美國人出社會後都為了轉換跑道而重回校園，進入研究所進修。就這層意義而言，日本正慢慢與世界接軌。不同的是，「辭職」在日本是比較高風險的做法，所以大多數日本人選擇白天工作，晚上到研究所讀在職專班──這也不失為兩全其美的辦法。

　　其實，**學習動力不一定要這麼高尚（？），你也可以為了告別單身，又或是提升異性緣而進修。**假設你的公司很難脫單，何不「往外發展」，到補習班或講座找尋對象呢？在這個充滿風險的時代，找一個有上進心的好學伴侶，才是夠聰明的做法！

　　動力沒有規範，只要你想得到的都可以！有目標才能激發鬥志，幫助我們看清當務之急。人類的慾望只要控制得宜，就能成為推動社會發展的力量。

心動不如行動

　　只要控制得宜，學習動力不受限！請各位務必為自己找一個強大的動力，投身汪洋學海。

創造學習高效率

前面幾篇是否激起了你對學習的慾望呢？如果你已經迫不急待想要學點什麼，那就太棒了！但別忘了，一下子衝得太快太猛，很快就會精疲力盡。

看到這裡或許有人會問：「下一步就是訂定學習計畫了吧？」計畫當然很重要，但在那之前，建議大家先分析自己的能力屬性。當然，你也可以邊學邊分析，不要貿然投入即可。

首先要請大家思考一個問題，你比較擅長「記憶」還是「思考」呢？

人大致上可分為**「記憶優勢型」**和**「思考優勢型」**兩種。偶爾也有兩者皆優的人，但大部份的人都只擅長其中一項。

小朋友多屬於記憶優勢型，這也是小朋友能記住大量車型和動物名稱的原因。

兒童基本上在九歲前無法進行抽象思考，之後才會展現出思考優勢的一面，這個階段稱為「九歲之牆」，但也不是每個人都是這樣，還是會有個人的差異。

　　我們必須先搞清楚自己是擅於邏輯思考，還是擅於記住知識，並運用長處來學習。

　　順帶一提，我本人屬於思考優勢型，數學和理化都難不倒我。一遇到必須記住人名、年號的日本史、世界史，我就一個頭兩個大。但我並不覺得怎麼樣，既然歷史不好，就不要選歷史，選考其他拿手科目即可。不用感嘆自己不會什麼，而是要看自己擅長什麼。

　　思考優勢的朋友若遇到需要死背的內容，可透過「關係」與「關聯」來記憶，又或是直接轉換進修跑道。

　　記憶優勢型的人可先訂出一套學習策略，比方說，先把正確的規律或模式背起來，重複幾次後，再分析為何會形成這樣的結論。

　　如果你不知道自己的屬性，也可以邊學邊確認，無論用什麼方法，都得設法「認清」自己。

心動不如行動

　　「記憶優勢型」和「思考優勢型」的學習方式截然不同，進修前先分析自己屬於哪種類型，再進一步訂立作戰計畫。

釐清自我能力特質，
訂立目標更容易

　　前一篇我們介紹了「記憶優勢型」和「能力優勢型」兩
種屬性，這兩種屬性各有不同的學習內容與學習方式，本篇
要教各位如何在工作上運用自己的能力特質。

　　為什麼我們必須了解自己的能力特質呢？因為這能幫助
「**後設認知**（Metacognition）」的運作。「後設認知」是對
於自我智能、交際方式的一種客觀分析能力，掌握自己的強
項與弱點，有助於選擇更適合自己的工作。

　　比方說，一個對數字一竅不通的人若待在會計部，自然
無法發揮實力；一個不擅記住名字的人若待在人資部，只是
心有餘而力不足罷了。

　　傳統職場文化比較注重能負擔的工作量，擅長與否似乎
不是那麼重要。以前若依能力特質向公司提出調動部門的申
請，或許會被公司貼上「任性難搞」的標籤，因而在評鑑時
被扣分，甚至被轟出公司。

　　但如今時代變了，若不依能力特質安排職位，很有可能
會降低工作意願，引發人際紛爭，甚至導致員工離職走人。

這已然成為一種職場風險，也因為這個原因，現在的公司愈來愈重視「適才適所」，許多公司都設有性向申報系統。

　　我們必須認清自我特質，才知道自己適合什麼工作，進而在公司主動「覓職」，找到自己真正想做的業務，又或是自願接下適合自己的業務，提升成功機會。

　　知道自己具有哪種特質，找工作時也比較有方向。比方說，具創意特質的人比較適合從事企劃型工作，又或是進入創投公司服務；具溝通特質的人，則可找業務類型的工作。另一方面，釐清自己的短處，若真的被分配到不擅長的工作，也能清楚地告訴對方自己做不到。

　　對工作來者不拒，很多時候只會畫虎不成反類犬，讓人覺得你是個工作能力很差的人。請記住，只有你自己能保護你自己。

心動不如行動

　　分析自我能力特質，釐清想做和不想做的工作。

有興趣才能樂在其中

　　很多人徒有學習意願，卻不知道自己想學什麼、該學什麼。

　　世上有數不盡的學習主題，再加上我們時間有限，「如何選擇」便顯得格外重要。

　　舉例來說，A為了退休後繼續工作，決定報考司法代書人的資格證照。但他不是法律系出生，也沒做過跟法律有關的工作，就連要看懂課本都很困難。可想而知，他準備考試的過程一定會相當痛苦。

　　強迫自己學不想學的東西，學習效果就會很差，進而對自己產生厭惡感。就算苦盡甘來考上了，接下來的人生都得從事沒興趣的工作……這樣不是很令人沮喪嗎？

　　雖然有些人是為了生活身不由己，但如果可以選擇，與其「苦讀」，何不讓自己「樂學」呢？

　　學習主題五花八門，**建議大家選擇「適合自己」的主題**，並以「能夠樂在其中」作為最基本的條件。原因很簡單，當學習成為一種樂趣，日子就能過得更加快樂充實。這麼做也是為了釐清自己的長處與短處，進而大展所長。

　　你是否也有過以下想法呢？

　　「我想要精進自我，在這個領域擁有不輸給任何人的自信。」

　　「我想要跟其他人分享學習成果，讓他們對我刮目相看。」

　　——這類想法能增加我們的「快樂體驗」，有刺激情緒、防止老化的功效。

　　看到這裡一定有人心想：「興趣又不能當飯吃。」如果你有這樣的想法，可將「興趣」替換為「強項」，用「強項」來選擇學習的主題。比方說，你喜歡歷史，但光會歷史無法養活自己，這時就可加強「教學」，靠「教歷史」吃飯。只要能釐清自己的「興趣」與「強項」，就能找到適合自己的進修項目。

心動不如行動

　　學習喜歡或擅長的事物，才能沈浸其中，進而做出卓越的成效。若你尚未找到學習主題，可先試著對各種事物展現興趣。

好的開始
讓過程更順利

在挑選學習主題時，除了要顧及「興趣喜好」，還必須注意「能否成功」。

很多人之所以對學習興致缺缺，是因為有先入為主的觀念，覺得讀書又累又辛苦。但其實學習跟工作一樣，很多時候都是先苦後甘，即便一開始吃盡苦頭，適應後就會輕鬆許多。

同樣道理，當一份工作令你覺得很痛苦、很艱難，長期下來還是無法適應，自然就會幹勁全失，無法積極以對（有些人是「遇難則強」，喜歡解數學難題的人就屬於這種類型。這些人的腦中存有為數眾多的「解套公式」，喜歡從眾多組合當中挑出最好的解套方法）。

學習也是一樣，絕大多數的人都是「遇難則退」。我在指導考生時，都會請他們從拿手的科目開始讀，不擅長的科目就從較簡單的參考書或題庫做起。對考生而言，「搞懂」的體驗能刺激鬥志，產生「自己或許做得到」的自信。

大人開始自學後，建議可先觀察一個月的時間，真的讀

不來再收手也不遲。

　　但要注意的是，有時讀不好是因為選錯教材，可視情況降低教材難度，進行二度挑戰。

　　如果你連初級入門書都讀不懂，又或是閱讀速度遲遲沒有提升，就代表你不適合這個學習主題。

　　基本上，**只要選對學習主題，第一個月就能累積「搞懂」的體驗**，閱讀的速度也會逐步加快，進而對學習樂在其中。

心動不如行動

　　一開始請先給自己一個月的「試讀期」，若發現不適合自己，可先降低教材難度，若還是不見效果，就換個學習主題吧！

內容不過時，
學習更長久

前面說到挑選學習主題要注意「是否有趣」和「能否搞懂」，這裡要再補充一個重點，那就是**選擇「不過時」的主題，學習更容易持之以恆**。

在這個日新月異的時代，許多東西都很快就遭到取代或淘汰，某些科學技術就是如此。學習這種類型的主題，雖然能受到不少刺激，但也會面對兩個問題——第一，你必須有能力讀懂最新資訊，這並不是件簡單的工作；第二，持續更新資訊必須投入大量勞力。

能做到這兩點的，通常不是科學家就是技術人員。一般人無需勉強自己，只要了解到某個程度即可。

相對的，人文社會科學型的內容則比較不會過時。哲學、心理學、歷史等科目，就算讀了幾十年，還是可以繼續鑽研，又或是推翻前人的研究。也就是說，舊文獻也有很高的參考價值。

我很建議社會人士研讀心理學，因為出過社會、見過世間百態的人，更能將經驗活用在心理學理論上。實際見識過

這個世界後，心裡若有疑問，也可以進修哲學。

　　有些人在職場打滾多年，閒暇之餘還是會寫寫小說，把創作當興趣。就拿我自己來說，我學生時的夢想是當電影導演，出社會後也沒有放棄這個夢想，不斷進修相關知識，終於在四十七歲那年推出執導作品《東大灰姑娘》（受験のシンデレラ）。

　　當初我之所以選讀醫學院，是想要找一份薪水可供我安心拍電影的工作，能在閒暇之餘學習自己喜歡的事，真的非常快樂。

　　到底要選可長期鑽研的主題，還是日新月異的主題呢？選擇權在你手上，這裡只是要提醒大家，在挑選進修內容時，要特別注意這兩種不同的性質。

　　證照考試通常隔幾年就會更動考試範圍，又或是因為修法而全面換新。要考證照的人，還請特別留意這方面的資訊。

心動不如行動

　　「可長期鑽研」和「日新月異」這兩種學習主題的難度差很多，還請各位特別注意。

吃回頭草，學得更好

如果你不知道要學什麼，也可以重讀學生時代讀過的東西，你會發現，現在學得比以前更快、效率更好。

很多人在工作的過程中，都接觸過學生時代讀過的東西——

「我大學是念經濟的，但那時完全沒心讀書。」

「我是讀法律系的，以前有準備過司法考試，但碰到瓶頸後馬上就放棄了。」

「我是念理工的，但我知道自己不適合從事研究，所以大學一畢業就馬上出社會工作了。不過我現在有些後悔，早知道那時就繼續深造……」

如果你曾有過類似的想法，恭喜你找到進修的動力。學生時代讀不好也沒關係，因為你現在已經出社會，能夠更宏觀地分析事物。

只要你有心肯做，就一定找得到出路。我自己是年過三十才出國留學的，一開始看到一大堆跟精神分析有關的英文專有名詞時也是一個頭兩個大。我考完大學後有將近十年的英文空白期，但重拾英文課本後，當時的能力與語感很快就回來了。

我一開始是字典不離手，遇到不會的單字就馬上查。慢慢的，我就不需要字典了，讀英文也不再是種痛苦，唯有在聽力方面還是沒辦法跟母語人士相比，但只要事前把資料讀熟，英文授課和演講還是能聽懂的。

重讀拿手的科目，通常都能讀得比從前更好。即便是以前不擅長的科目，隨著社會經歷愈多，讀起來也沒那麼困難了。

你有拿手的考試科目嗎？大學時期又特別擅長什麼呢？這些特長具有重新學習、再度挑戰的價值，還請各位一定要嘗試看看！

心動不如行動

回鍋以前學過的主題，通常能比以前學得更快。建議大家從「回鍋型學習」，投入那些曾經挑戰過的事物。

想要深入學習，你需要進一步思考生活中的「不順心」

商務人士的時間有限，所以「學什麼」對他們而言非常重要，若選錯學習主題，真的是賠了夫人又折兵，不僅浪費了時間，也無法學以致用。

要挑選學習主題，建議各位可從「**平常感到困惑和不滿的事物**」下手。

比方說，對公司人際關係感到不以為然的人，可以研讀心理學，又或是研究組織論。學習這類與自己息息相關的主題，可將理論套用在自己的案例上，不僅可以更好吸收，也可以進一步深造。

再舉一個例子，A發現自己重點發展的方向跟公司不同，因而對公司的指令產生疑慮。他不想一味順從，為了向公司表達意見，便開始思考自己為何與公司想法不同，並著手調查市場背景。

在調查數據的加持下，報告起來更有說服力。就算調查結果與自己的想法背道而馳，也能進一步了解公司採取這套

方針的原因，這樣才會更有意願工作，進而在評鑑時得到高評價。

對平常感到困惑和不滿的事物進行深入思考，不僅有助於解決問題，很多時候還能讓人靈光一閃，想到許多創意點子。

建議大家在不順心時，可將這些憤恨不平記下來，思考其中是否有具學習價值的主題，相信必能大有收穫。

- 公司一天到晚要求我們壓低成本，成本與營收、利潤之間有什麼樣的關係呢？
- 公司要求我們改善工作方式，要怎麼做才能讓員工跟公司皆大歡喜呢？
- 我和事業夥伴合作得不太順利，要如何幫公司訂立整體策略呢？

面對各種不順心，千萬別僅止於抱怨和訴苦，若能將這些負面情緒昇華為學習主題，不僅能解決問題，身邊的人也能因此受惠。

心動不如行動

留意工作上的不順心，抱持問題意識、進一步思考，或許這些問題就是下一個值得深究的進修項目。

不想浪費時間？
你需要深思成效！

　　小學時我老是靜不下來，經常在課堂上走來走去。媽媽對我說：「孩子啊，你天生性格古怪，應該沒辦法在一般公司當上班族，所以你一定要考個執照來養活自己，像是醫師啊、律師啊，都可以。」

　　身為一個被親媽認證的「怪咖」，我知道自己一定要用功讀書，找一個「怪咖」也能從事的工作。

　　若沒有我媽的那段話，就沒有現在的我。我在〈018內容不過時，學習更長久〉中提過，我之所以選擇醫生這個職業，是為了可以安心拍我最愛的電影。雖說醫界現在爆出不少醜聞，但這並不影響大家考醫師執照的意願，現在醫師執照仍是非常熱門的證照。要注意的是，醫師執照為國家證照，得遵守國家訂出的制度系統，並不是考上後就能高枕無憂、一輩子平步青雲。

　　如果要考的證照難度較高，就必須投入相對的時間、勞力、金錢。這時就必須考慮到一個問題，那就是考上後的收入是否能填補這些成本。尤其對有工作的人而言，如果得為了考證照而離職，就必須承受相當程度的風險。

我以前曾出過一本書叫《成人學習方法》（大人のための勉強法），裡面提到，教師資格考試非常困難，再加上現在的學校不缺人，所以幾乎找不到工作。

如今過了二十年，教職需求雖然有所增加，但老師需承擔的工作與責任也愈來愈重，無疑已成為「高工作量」的代表職業。如今考取教師執照的意義、對教職人員的要求，早已不同於往日。

已經在工作的人如果有考證照的打算，**請務必三思而後行，評估這份證照是否對工作有所助益、你的生活是否能負擔這些投入的金錢與時間**。

如果你的興趣剛好就是考證照，那就放手去做吧！某些證照表面上是彼此八竿子打不著，但在經過巧妙的結合後，就能發揮出意料之外的力量。

總之，我非常推薦各位去搜尋自己有興趣的證照，還請各位保持敏銳，隨時注意這方面的資訊。

心動不如行動

在準備考證照之前，請先思考如何將這個證照活用在自己的工作上。

學習意願低落，竟是雄激素在作怪！

　　記憶力會隨著年紀增長而變差嗎？除非罹患了失智症，基本上是不會的，這一點我們將在第三章中詳述。人之所以記憶力變差，絕大部份是因為學習方法有瑕疵。但比起學習方法，「意願低落」是更嚴重的問題。缺少意願會使人懶得動腦，甚至懶得走路。

　　年輕時做什麼都興致勃勃，為什麼年紀愈大意願愈低呢？原因出在額葉退化，以及雄激素的減少，其中又以雄激素減少最容易造成直接的影響。代表性的雄激素 —— 睪酮（Testosterone）與人體的意願、力氣、專注力、判斷力、攻擊性、好奇心、人際交際……等都息息相關。

　　每個人的狀況不同，但一般在過了四十五歲後，身體的雄激素分泌量就會逐步減少。

　　額葉負責控制我們的情緒、意願以及創造力，額葉退化會使人難以控制情緒，做什麼都興趣缺缺，這時若再加上雄激素減少，就猶如雪上加霜，身體會一下子衰老許多。

　　我們能防老抗老嗎？答案是可以的。要維持雄性賀爾

蒙，除了靠藥物，改善飲食也相當有效。

雄激素的原料是膽固醇（Cholesterol），**進入中高年後應積極攝取肉類，以維持體內的雄激素。**

一說認為減少攝取膽固醇可降低心肌梗塞的風險，但跟歐美比起來，日本因為心肌梗塞而去世的人其實不多，不要矯枉過正才是聰明的做法。

當我們在處理預想之外的情況時，額葉就會受到刺激，進而達到活化的效果。相對的，如果每天都在做相同的事，額葉很快就會退化。因此，**請各位務必在日常中加入各種「變化」，無論大小，有變化即可**。這並不是很困難的事，比方說，你可以每天在不同店家吃午餐，如果因為新冠疫情而不便在外用餐，也可在便當的菜色上加以變化。

請大家定期檢查自己的生活是否一成不變，千萬別讓自己的生活「定型」了。

只要經常求變、給予頭腦刺激，就能避免額葉退化，身體也不會這麼快衰老，每天過著精神奕奕的生活。

心動不如行動

建議大家要攝取足量的肉類，以確保體內擁有足夠的雄激素，並為日常生活添加各種變化，給予頭腦適度的刺激。

當讀書成為習慣，
不讀就會惴惴不安

你是否有過這樣的經驗呢？一頭熱地買了一堆教材，一開始還讀得很投入，但過段時間後就放在那裡積灰塵……。很多人很想學點什麼，但又怕自己只是三分鐘熱度、到頭來只是浪費一堆金錢與時間。

學習之所以無法持久，大多時候是因為一下子把難度拉得太高。為避免這樣的情形，一開始應降低學習難度，以「明天也能繼續」為優先考量。關於這一點，我們會在下一篇「小步目標法」中詳述。

最重要的是**「每天持續學習」**，比方像是每天早上在同一時間學習，時間長短不拘，有讀即可。重點在於「持續」，只要養成讀書的習慣，一日不讀書就會覺得面目可憎。

看到這裡一定有人心想：「真的假的？有這麼簡單嗎？」就是這麼簡單，刷牙就是一個很好的例子。大多數人刷牙都是沒有目的的，當然，刷牙是為了防止蛀牙、避免口腔臭氣熏人，但在想到這些之前，大多人只要時間到了沒刷牙，就

會覺得全身哪裡怪怪的──這代表刷牙已成為你的習慣。

　　一旦某件事成了一種習慣，不做就會感到全身不對勁。讀書也是一樣，只要培養出讀書的習慣，一天不讀就會覺得通體不舒暢。

　　想擺脫三分鐘熱度的惡夢嗎？**重點在於「養成習慣」**，這也是學習的第一道門檻。養成習慣並沒有想像中的那麼困難，只要你肯從「小」做起，設定小關卡、遵循「小步目標法」，像是先要求自己連續讀四天，把三分鐘熱度化作五分鐘熱度，之後再延長為一週，慢慢延續，就一定能夠持之以恆。

　　別忘了，持續就是力量。各位也可以在日曆上「打卡」，看看自己能創下多少紀錄、持續讀多少天，或許不知不覺就培養出讀書的習慣囉！

心動不如行動

　　「養成習慣」是學習的第一道門檻。在跨過這道門檻前，請務必做好「堅持到底」的心理準備。

設立小關卡，
看清學習績效

　　本篇要介紹上一篇提到的「**小步目標法**」。

　　訂立大目標是很重要的，但如果一開始就往山頂爆衝，很快就會筋疲力盡，在疲累與徒勞的打擊下一蹶不振。

　　以最近興起的「馬拉松風潮」為例，要跑完全馬其實並不容易。如果沒有人跑在前面，是很難撐完全程的；有人跑在前面，才能打起精神追趕，堅持跑到終點。

　　學習也是同樣道理，我們必須將大目標分割成幾個小目標，像是將讀完某本教材設為第一個終點。這時「心態」就顯得格外重要，假設教科書有兩百頁，你努力讀了十頁，心裡卻想著「還剩下一百九十頁」，當然會沒心情讀下去。

　　相反的，如果你訂的是「每天讀五頁」這種小目標，就算只讀了七頁，還是能享受「讀完五頁」的喜悅。這種額外的收穫就像在存錢，令人躍躍欲試，期待能增加多少存款。

　　有些人會用獎勵自己的方式來作為動力，這種事先設定「紅蘿蔔」的方式相當有效，但要注意的是，無論你準備的紅蘿蔔多麼誘人，還是不能一開始就將門檻拉得太高，否則無法激發鬥志。

　　打個比方，Ａ平常考試都考大約五十分，假設老師對他說：「你考一百分我就帶你出國旅遊。」會發生什麼事呢？想必Ａ應該會無動於衷，因為這個目標對他而言實在過於困難。**正確的做法是準備小根的紅蘿蔔，而不是巨無霸紅蘿蔔。**

　　建議大家先從小目標做起，像是「做完這張試題就喝我愛喝的酒」、「下次考試進步十分就去吃牛排」……等，為每個小關卡訂立小獎賞，才能確保鬥志持續燃燒。

心動不如行動

　　先訂立幾個小目標，並設定過關的慰勞品，於達標後獎勵自己。

結交學習夥伴，互相支持，切磋砥礪

看到這個標題一定有人覺得一頭霧水：「你前面不是推薦我們自學嗎？」但其實，與夥伴一起學習也是很好的做法。

前面之所以推薦自學，是為了鼓勵大家發展自己的強項。如果有人可以陪你一起發展強項，那當然是同心協力為佳。上一篇提到，馬拉松要有人跑在前面較能激發跑者鬥志，換個角度來說，當有人跟你共同努力、彼此競爭，你就會愈學愈起勁。

遇到不懂的問題就請教對方，又或是彼此交流讀書方法，可達到教學相長、互助互惠的效果。

國高中時，你們班上是否有那種老是說自己沒讀書，但私底下比誰都用功、成績超好的那種人呢？小時候覺得這種人很帥，但對大人而言，偷偷讀書並沒有特別的好處。有些人認為，讓別人知道你在學習某個事物，對方可能會來攪局。

但其實，如果對方為了妨礙你而故意邀你去聚餐喝酒，

你是可以拒絕的。就現實而言，當別人知道你在進修，幫助你的人遠比攪局的來得多。

如果公司對於你的進修酸言酸語、百般刁難，早點看清楚、另謀高就也是好事一樁。

公開宣告你要進修也等於為自己切斷退路。公然告訴身邊的人你要戒菸、要去學英文……等，就一定會努力做出成果，因為半途而廢太丟臉了。

把自己逼到絕境、陷入「不得不做」的狀態，其實是個很好的方法。

想結交學友的人，可參加公司外部的社團，跟那些已經開始學習，又或是已做出成效的人進行交流。**要了解讀書技巧、選擇哪些參考書，詢問過來人是最快的方式**。多跟那些有經驗的人交流，可增加獲取相關資訊的機會。我們應盡量拓展人脈，建立對自己有幫助的社交網絡。

心動不如行動

尋找相關社團，結交相同領域的學友。

有學習的對象，才能學到更多

決定好學習主題後，下一步就是選擇「師父」。如果你是到研究所念MBA，又或是到在職專班進修，這個對象就是你學校的教授；如果你是自學，也請務必為自己挑選一位「**師父**」。

或許你會心想：「自學怎麼會有師父呢？」自學雖然是獨自學習，但在腦袋裡可不能只有自己一個人。在你學習的領域中肯定有幾位先鋒人士，將這些人作為學習的對象有助於燃起心中的鬥志。雖然我們沒有跟這些人實際見過面，但還是可以擅自稱他們為「師父」。

之所以推薦各位「拜師」，是因為師父能夠引導我們學習。問題來了，要如何選擇師父呢？選師父的一大標準在於對方「**能否簡單教會基礎**」。舉例來說，學精神分析的人，就要拜說話淺顯易懂、能夠讓你輕鬆學會精神分析基礎的人為師。

請不要基於頭銜來選擇師父，這樣通常會以失敗告終。很多人身分光鮮亮麗，有了地位後卻不再努力，更何況，有

頭銜也不代表會教書。你需要的，是讓你一讀就懂的入門書作者，又或是教課淺顯易懂的講師。

選師父的第二個重點，在於對方「能否帶你跳脫常識，從有別於世間的角度看待問題」、「能否帶你從跟別人不一樣的視角思考」。

這兩個重點的前提是已具備基礎知識，若只具有一般認知，光是隨波逐流就會花費掉所有的精力。接下來的時代，我們必須擁有跟別人不一樣的看法、知道跟別人不一樣的東西。

選擇一個能從不同觀點看事物的師父，模仿他看事物的態度與方式，可幫助我們培養自我特色。

有些人擔心「太有特色」會鶴立雞群、為自己樹立敵人，所以選擇拜「安全牌」為師，又或是乾脆不拜師。但仔細想想，我們根本無需畏懼。一輩子這樣壓抑自己，你快樂嗎？何不透過進修開啟擺脫壓抑生活的渠道呢？請各位務必對常識抱持疑心，開創自己的觀點與想法。

心動不如行動

發現淺顯易懂的入門書時，請多買幾本同一位作者的書。

讀書能防止「情緒老化」

日本目前已進入前所未有的超高齡社會。在這個活到一百歲不成問題的年代，只讀二十年的書是絕對不夠的，想要不落人後，就必須不斷充實自我。

隨著平均壽命上升，我們應進一步規劃老年生活。建議大家要盡可能地注重健康，如果沒有硬朗的身體，即便擁有身份地位和萬貫家財，也無法享受良好的生活品質。

這幾年罹患失智症的人口愈來愈多，不動腦會導致頭腦衰退老化，目前已知幾種預防腦血管障礙的方式，還請各位應多加重視。

具體而言該怎麼做呢？

事實上，**讀書就能防止頭腦老化**。

以身體為例，年輕人就算因為受傷或生病而臥床幾個月，之後也能快速回歸日常生活。但老年人就不同了，有些老人只是因為罹患流感而臥床一個月，腿部肌肉便迅速退化，導致餘生都得在床上度過。

頭腦跟身體一樣，如果老人家愈來愈少讀書或跟人對

話，過少給予大腦的刺激，就可能會罹患失智症。而透過讀書學習來予以刺激，就能夠防止頭腦老化。

　　一般人很容易將「頭腦老化」與「思考能力低落」畫上等號。然而，最容易受到影響的其實是情緒，腦部萎縮通常是從掌管情緒切換、做事意願的額葉開始。

　　當感情缺乏變化，做事意願也會隨之變得低落。當腦部減少活動，身體也會跟著停滯，進而陷入一連串的惡性循環。為避免這樣情形，請各位務必多讀書學習，尤其要學自己喜歡的東西，以防止情緒老化。

　　比方說，你可以報名大學的通訊教育課程。這種課程的學生包含各個年齡層，多跟年輕人接觸才會變得更年輕。還請各位在工作空閒之餘，查查看有無自己感興趣的課程。

心動不如行動

　　不動腦會導致主導情緒與意願的額葉退化，我們應在日常生活中加入起伏變化，多認識新的人事物。

71

多動腦
才能長命百歲

　　說了你可能不相信,「享受學習」能讓人活更久。市面上已經有不少書籍都介紹過這個觀點,荷蘭一所大學的研究團隊曾做過一份研究,以住在阿姆斯特丹郊外的兩千三百八十名五十五歲～八十五歲的男女為對象,調查他們四年後的死亡率。

　　分析結果發現,對死亡率影響最大的是「年紀」。

　　這樣的結果不出所料,大家都知道年紀愈大死亡率愈高。值得注意的是,影響第二大的是「資訊處理速度」。研究團隊對這些人施行了字母排序測驗,並依成績分為一千兩百名的前段班與一千一百八十名的後段班。結果顯示,前段班的人四年後的死亡率只有後段班的三分之一。

　　此外,他們也施行了流動智力測驗,給居民看不完整的圖形,讓他們選出缺少的拼塊。結果顯示,前段班的死亡率不到後段班的一半,對死亡率的影響比癌症還大。

　　令人意外的是，學歷幾乎對死亡率不具影響力。研究團隊將居民分為中學畢業、高中畢業、大學畢業進行調查，結果顯示中學畢業的人死亡率較高，但這主要是因為中學畢業的平均年齡較高。就同一年齡層的人來看，學歷對壽命長短的影響力非常低。

　　這代表了什麼呢？

　　相較於年輕時讀多少書，重點在於離開學校後的動腦程度。即便上了年紀，還是應該持續學習、為自己充實知識。

　　很多人聽到「維持健康」，第一個想到的就是多運動。但其實，**過度的運動反而會加速身體氧化，這是身為醫師所不樂見的**。早上可以做點運動醒腦，但適度就好。請記住，比起運動，**「學習」才是真正的長壽秘訣**。

心動不如行動

　　上了年紀後，讀書學習有助於維持健康，甚至可能延長壽命。各位可以報名文化中心的課程，又或是參加里民講座，找尋自己感興趣的內容。

靠高 EQ
清除學習障礙

　　二十世紀結束之際有這麼一個說法，EQ（情緒商數）比 IQ（智能商數）更重要，徒有高 IQ 的人個性都很差。當時媒體大肆報導學生的生活被升學考試佔據，光顧著唸書而忽略了心理健康。

　　但仔細想想，**IQ 高不代表 EQ 就低，我們可以同時提高這兩種商數**。美國心理學家丹尼爾・高爾曼（Daniel Goleman）也強調，他長期推廣 EQ 概念，是為了提醒大家 EQ 教育的重要性，並沒有要貶低 IQ 的意思。

　　EQ 包含五個要素，分別是①精準察覺情緒、②控制自我情緒、③樂觀思考事物、④感受他人情緒、⑤社交能力。

　　一般認為，IQ 會隨著年齡而下降，EQ 則會隨著年齡而上升。不少名言語錄都告訴我們，當看的世事愈多，待人處事就愈發圓滑。

　　然而事實正好相反，IQ 會隨著年齡下降沒錯，但 EQ 也會在四十歲過後開始走下坡。這是受到額葉萎縮和賀爾蒙失調的影響，只要先為自己置入「EQ 四十歲過後就會開始下

降」這個觀念，就會產生很大的不同，進而達到「看的世事愈多，待人處事就愈發圓滑」的境界。

高EQ對學習也有幫助。擅於控制情緒的人學習之路通常較為順利，而較有同理心、懂得與人溝通的人，也比較容易結交夥伴。

隨著學習時間愈長、結交的夥伴愈多，障礙也會減少。交到志同道合的好友，下課時間聊不夠，還可以相約一起去吃飯繼續聊。對大人而言，這樣的「喘息時間」是非常重要的。

建議大家在進修時「貪心」一點，給予自己適當的刺激，讓IQ與EQ一起提升！

心動不如行動

IQ與EQ是可以一起成長的。請各位要經常保持好奇心，參加各式各樣的活動、出入形形色色的場所，多與人進行交流。

第**3**章

提升學習效率
的必修課

一輩子維持良好記憶力：循環複習法

你什麼時候會出現「自己真的老了」的念頭呢？或許是注意到外表上變化、體力上的衰退。不過，相信很多人的答案都是：「想不起別人名字的時候。」

現代人多將電話存在手機裡，名片也多掃描儲存在App中，相較於過往，我們已經不太需要記住別人的姓名了。但是，各位應該都有過突然想不起東西或人名的經驗——「就那個啊……那個東西啊！」、「就他啊……那個誰啊！」然後忍不住感嘆：「唉！我真的老了！」

事實上，**年紀增長並不會導致記憶力衰退**。年輕時之所以學什麼都記得住，主要是因為不斷複習與使用。

各位知道「艾賓浩斯遺忘曲線（Ebbinghaus Forgetting Curve）」嗎？該曲線顯示，人的記憶於剛記住時遺忘得最快，之後就會趨緩下來。

因此，我們應在讀完後立刻複習，過段時間後複習第二次、過段時間後再複習第三次……運用這樣的「循環複習法」，就不會忘記學過的內容。

遺忘的速度並不會因為年紀增加而受到影響，問題來了，為什麼我們會覺得自己記性變差了呢？主要有兩個原因。第一，因為沒有複習。如果你都沒有複習，請試著把重點內容拿出來再讀幾遍，之後就會牢牢記住了。

第二，衰退的不是記憶力，而是意願與幹勁。隨著認識的人愈來愈多，新朋友已無法令你留下深刻的印象，也不想花精力去記住人的姓名與特徵。

此外，**人在上了年紀後，比起單純的死記，更擅於用「理解」的方式來記憶。**相較於沒有意義的繁雜數字，我們更容易回想也比較重視那些有意義的記憶。這類記憶又稱為「情節記憶（Episodic Memory）」，建議可連同附加知識一同記入腦中，效果更佳。

心動不如行動

你的記憶力並沒有衰退，請運用本篇介紹的循環複習法，又或是透過「理解」的方式來幫助記憶。

「記住」、「保存」、「回想」

善用「記憶三階段」

　　記憶過程可分為「記住」、「保存」、「回想」三個階段，用術語來說就是「**編碼**」、「**儲存**」、「**檢索**」。

　　一般都認為「記住」就是單純地把東西記起來，但其實，將記住的東西「保存」在腦中也是非常重要的。

　　相信各位都有過想不起來明星或以前同學名字的經驗吧？「那個人……就那個人啊……」感覺名字如鯁在喉，但就是說不出來。當這樣的狀況愈來愈多，很多人就會歸咎於年紀，覺得自己是因為老了才會這樣。但其實這是一種「回想障礙」，也就是記憶儲存在腦袋中的某處，卻無法順利想起來，聽到人家說起名字，才恍然大悟地說：「對！沒錯！就是他！」

　　為什麼會發生這樣的情形呢？與其說是上了年紀，倒不如說是「記憶老舊」更為貼切。看到這裡一定有人在心裡吐槽說：「這兩個還不都一樣？」接下來就讓我跟各位解釋兩者的不同。

　　人一旦記住事物，記憶就不會輕易消除，所以「回想功能」就顯得格外重要。

　　「回想」可分為「再生」和「再認」兩種。搭電車時看見窗外的景色，突然想起以前見過的不同場景，這種突然就浮現在腦海中、不受控制的記憶就稱為「再生記憶」。

　　「再認記憶」則是選擇特定資訊再進行回想，一般說的「記性好壞」，就是指再認記憶功能的運作是否順暢。

　　為了有效引導出再認記憶，我們應善用記憶過程的特性，運用一些小技巧，讓每個階段功能都能正常發揮，進而提升記憶力。

心動不如行動

　　釐清記憶的機制，才能夠成功調閱腦中的記憶檔案。

先理解，免死背

要搞定「記住」這個步驟，大致上可以分為「理解」和「關注」兩個要點進行。本篇要先跟大家談談「理解」。

如前所述，相較於單純死記，上了年紀的人更擅於用「理解」來記住事物。因此，即便不擅死記，也可用體驗和理解的方式來提升記憶力。人類較容易記住已經搞懂的事物，在一知半解的情形下，基本上很難記起來。

以考證照為例，如果考的證照跟你以前學的東西無關，通常都是屢背屢忘。反之，如果是以前學過的領域，就很容易過目不忘。

即便是一開始覺得枯燥無味的內容，經過理解後也能慢慢產生興趣，讓學習成為一件有趣的事。

當你必須學點什麼時，可先尋找內容淺顯易懂的書、跟著師父學習，又或是找一家適合自己的學校或補習班。「記憶」不需一味死背，先懂再記才是捷徑。

「理解」是記憶沉澱的第一步，在此要特別提醒大家，千萬不要不懂裝懂，又或是打腫臉充胖子。有些人覺得自己是有年紀的人了，因而刻意繞過淺顯易懂的入門書籍，有不

懂的事也師心自用，不向他人請教。這麼做無法學到基礎知識，進而導致記憶力衰退。

最近很多大人都在讀寫給國高中生看的通識書籍，我們無須將此視為教育的退步，反而要鼓勵這些人好學的態度。

建議大家可使用「塗黑讀書法」來加深理解學習內容——先用手機將完整的頁面拍起來，再將紙本的重點處塗黑，看看自己能否想起這些重點，並逐步增加塗黑處。

若能完全復原，就代表你已融會貫通，書中的重點已經乖乖待在你的腦中了。

心動不如行動

在學習的初步階段請先從簡單的入門書籍開始讀起，「不懂裝懂」與「打腫臉充胖子」是學習大忌！

多注意，更好記

接下來要介紹的是「注意」。在第二章中，我們已介紹過「學習目的」的重要性。神奇的是，**只要有確切的目的，就會對學習主題產生興趣**。

具體而言該怎麼做呢？簡單來說，就是按下大腦的開關，把主題看作與自己息息相關，讓大腦自動截取相關資訊。

人類很容易記住關注的事物，並遺忘漠不關心的內容。在沒有學習目的的情況下，大腦就不會將注意力放在該主題，因而無法擷取資訊，甚至不會儲存相關記憶。

「注意」有多重要呢？加藤昌治曾寫過一本關於創意發想法的暢銷書《考具：有效掌握企劃、發想的21個思考工具》（台灣由商周出版），書中介紹了一種名為「彩色浴」的方法。

比方說，一整天只注意街上的「紅色」。這種觀察方式能讓人注意到平常不會特別留意的東西，改走別條街、改注意別的顏色，都會有意想不到的發現。該法顯示出「注意」的力量，只要懂得善用，就能成為你的強力武器。

　　「注意」可細分為自然產生的「興趣」與刻意而為的「專注」。而「彩色浴」就是運用將注意力「專注」在特定顏色上，藉此引發之前未能留意到的「興趣」。

　　我們應設法提升自己對學習主題的興趣，有興趣才能持久，在樂趣中成功記憶。

　　在指導不喜歡歷史的考生時，我做的第一件事通常是拿歷史劇、歷史漫畫給他們看，藉此引發他們的興趣。

　　有些人認為電視劇的人物角色都是經過編造的，與史實有所差異，不適合拿來研讀歷史。但我的目的只是勾起他們的興趣，之後再研讀正確史實即可。畢竟，**喜歡的東西才讀得下去嘛！**

心動不如行動

　　面對枯燥無味的學習主題，可試著找出自己與內容的相關之處，從中尋找有興趣的事物。

有形象，更難忘

「興趣」能提升記憶力，那我們是如何記住有興趣的內容呢？以歷史人物為例，通常是跟時代背景、成長過程、為了什麼目的而做了哪些事情……等各種附加資訊一起記憶。

沒錯，**重點不在於歷史人物的「名字」，而是相關資訊的「內容」，也就是附加資訊**。記住這些資訊後，即便突然忘了該人物的名字，也能夠迅速回想起來。

在背誦人名、地名時，都可使用這種記憶方式。

要注意的是，附加資訊不宜過多，否則反而會難以歸納形象。

比方說，你跟某人第一次見面，並交換了寫有姓名跟頭銜的名片。或許你可以在事後記下他的名字、頭銜、當初說了哪些話，卻很難想起最重要的部分——他的長相。

長大後，我們接收的附加資訊愈來愈多。以手錶為例，對孩童而言，手錶就是看時間的工具；大人則可能會接收到手錶的品牌、該品牌的歷史、製造過程、是自己買的還是別人送的……等資訊。

在這樣的情況下，說得極端一點，我們有一天可能會連

「手錶」這個一般名詞都想不起來。

　　獲取多種資訊有助於深入了解事物，但過度的附加資訊卻容易模糊焦點，導致記憶無法沉澱，甚至在實際使用時不知所云。

　　記憶時，請務必確認哪些是重要資訊，讓大腦自動消除不必要的附加訊息，只留下核心重點，進而歸納出正確的形象，鞏固記憶。

心動不如行動

　　事物名稱請不要死背，應與重要的附加資訊一同記憶。

狀態好，更專注

前面提到「注意」可細分為自然產生的「興趣」與刻意而為的「專注」，這篇就來談談「專注」。

人在學習感興趣的內容時，過程通常較為順利。那如果就是提不起興趣該怎麼辦呢？考生遇到不喜歡的科目，總不能說一句「我沒興趣」就棄之不顧吧？

這時「專注」就顯得格外重要。面對不感興趣的內容，即便一開始能夠強迫集中精神，也很難長時間專注。不過，要在考試前爆發專注力、硬逼自己記住大量內容，還是有可能的。

大人進修的背後通常都有強烈的動力，可能關係著自己的飯碗、收入……這些都有助於專注力的提升。

不過，光靠動力很難持之以恆，最好還是要有興趣的輔助。

沒有興趣很難專注，但我們可用點技巧，讓自己「盡量不分心」。

注意力不集中大多發生在有干擾的時候，像是宿醉、睡眠不足等情況。

　　為保持專注，請務必發揮自制力，不要過量飲酒，建立良好的睡眠習慣。邊讀書邊追劇、看運動賽事會使人分心，若有非得即時觀看的影集或賽事，無須特別忍耐，先看完再讀書反而能夠提升效率。

　　簡單來說，排除可能會讓自己分心的事物，才能夠集中注意力。

　　另外，**身心不適也會導致注意力無法集中**。這種時候無須強迫自己學習新的東西，可以複習之前所學，又或是讀簡單的入門書，重溫本來就會的內容。若因為身心不適而完全不讀書，很容易形成心理壓力，這時應採取降低難度的方式，幫助自己建立信心。

　　遇到不擅長的內容，可試著朗讀出聲又或是手寫重點，這兩種方法都有提升專注力的效果。

心動不如行動

　　讀書應配合身心健康狀況改變策略，設法化解心中陰霾。

複習鞏固法

記憶可分為兩種，一種是暫時寫入大腦、很快就會遺忘的「短期記憶」，一種是能夠持續保存的「長期記憶」。

有時候我們以為自己記住了某人的名字，但才過一會就想不起來了──這就是短期記憶，若不特別做點什麼，很快就會忘得一乾二淨。

人的記憶會不斷被新資訊覆蓋而取代。大腦會將新資訊暫時儲存在「海馬迴」這個部位，經過判讀後，將需要的資訊移送至大腦皮質，儲存為長期記憶，並將其他資訊丟棄。

想要長期保存記憶，就必須趁資訊還存在海馬迴時進行複習，讓大腦將其判讀為必要資訊。

整個過程建議要複習五次，首先於讀完後立刻複習一次，這時以讀完十分鐘後複習最佳，因為我們的記憶會在學習大腦約十分鐘後達到頂點。

讀完的隔天複習第二次，這時若已忘記內容也沒關係，只要鼓勵自己下次一定要記起來，就能加快並加深記憶。

第三到五次的複習，也請在「還記得」的階段執行，建議於一週後複習第三次、一個月後複習第四次、半年後複習

第五次。

　　這麼一來，就能將資訊儲存為長期記憶，並下意識地「調閱檔案」。想要更快記住的人，則可忽略此規則，在短時間內多次複習，很快就能記起來。

　　反覆複習會使腦中的記憶發生變化，導致資訊量不斷增加，甚至超越之前學過的內容。

　　這是因為，反覆複習可刺激人類的大腦，將之前學過的內容進行組合，彼此連結拓展，進而從「記憶」進入「思考」的領域。

　　一旦組織出思考網絡，吸收新知就更容易組合擴張，達到意想不到的效果。

心動不如行動

　　既然學了就要牢牢記住！反覆複習可幫助鞏固記憶，複習愈多次愈好，每次間隔的時間可逐漸拉長。

每日接觸法

上一篇推薦大家用複習的方式儲存長期記憶，每多複習一次，就會記得更牢一些，間隔時間可逐漸拉長。那到底要間隔多久呢？是否需要每天都複習呢？

如果每天都在複習舊的內容，就沒有時間讀新的進度了。

事實上，只要經常接觸相同的資訊，該資訊就會沉澱為長期記憶。舉例來說，我們能在沒有刻意記憶的情況下背出每天通勤路線的車站名稱。同樣道理，**如果有非背不可的內容，就可使用「每日接觸法」來記憶。**

建議大家可使用「**海報記憶法**」，將要背的內容寫在紙上，貼在每天都能看到的地方。

如前所說，大腦會不斷用新的資訊覆蓋舊的記憶，很多資訊在過段時間後就會忘得一乾二淨。如果老是背了就忘，可刻意增加接觸次數，隨著看到的次數愈來愈多，大腦就會將其判斷為必要資訊，進而儲存為長期記憶。

「海報記憶法」的張貼處非常重要，貼在隱密的地方就失去其意義了。位置以顯眼、能夠經常看到的地方為佳，像

是廁所的門上或牆上、床邊的牆上，又或是冰箱上，任何看得到的地方都可以。

　　在製作海報時**請不要太貪心，應將內容濃縮成精簡的版本**，一次塞太多內容反而會模糊焦點。也可以用顏色凸顯出重點，更有助於記憶。

　　背得差不多後，即可進行「記憶測驗」，看看自己能否想起海報上的內容。當你能夠成功調閱記憶，就可以換張新海報了。

　　這些海報撕下後請不要丟棄，積到一定份量後，還可以拿來做一次總複習。

　　這種方式是運用每天的習慣來複習，將短期記憶自然轉化為長期記憶，所以非常有效。

心動不如行動

　　將要記的內容寫在海報上、貼在每天都能看到的地方，像是廁所牆壁、房間牆壁、冰箱上都是絕佳的張貼位置。

晨間複習法

習慣把事情做完再睡覺的人，通常都是夜貓子。夜貓子要擁有充足的睡眠，就只能延後早上起床的時間。

在這邊還是建議大家，應盡可能運用早晨時光，最理想的方式就是早晚都讀書。這麼說不是要你犧牲睡眠時間去用功苦讀，而是因為大腦早晚的運作方式不同，配合大腦來改變讀書習慣才是明智之舉。

疲勞會使大腦變得遲鈍，早晨剛睡醒是大腦最有精神的時間。

然而，大多商務人士早上都是匆匆忙忙趕著上班，光是通勤就花掉大半精力，白白浪費大腦的晨間黃金時段。建議大家可以稍微提早起床，預留一段晨讀時間。除了早起，也必須保持睡眠時間充足，這一點我們將於下一篇詳述。

比方說，你可以在晚上十一點就寢，睡六個小時，於早上五點起床，這麼一來，即便七點半出門上班，還是有超過一小時的時間可以讀書。

你可以制定一套晨間固定流程，像是起床後喝杯咖啡、做個簡單的運動、沖個澡，用這樣的方式來確保讀書時間。

此外，頭腦清醒時應從事思考型學習，像是寫題庫、閱讀教科書……等。

到了晚上頭腦通常都已是精疲力盡，這時則適合從事記憶型學習。人類的大腦會在睡眠期間彙整資訊、儲存記憶，睡前背書可加強記憶，效率比早上來得高。

但要注意的是，如果只在晚上背那麼一次，時間一久當然還是會忘記。建議大家可在隔天早上複習前一晚背的內容，以鞏固記憶儲存。

早上複習請不要只是「口頭再背一次」，應以手寫又或是解題的方式為佳。

複習時間不講究長短，重點在於採用「思考」的模式，有確實複習到即可。

只要注意力夠集中，就能在少少的時間內發揮極大的學習效率，讓讀書變成一件快樂的事。

心動不如行動

與其熬夜把工作做完，倒不如狠下心來，改於隔天早上早起進行，在時間的壓力下發揮最大力量。

睡眠改善法

近年日本社會吹起了一股工作改革風潮，不僅加班時數比以前少了許多，下班後也比較沒有應酬。在這波風潮下，社會人士似乎有更多時間可以進修。

然而，有些人的工作量本來就大，又或是工時較長，很難騰出額外的學習時間，只能犧牲自己的睡眠時間來進修。但這並不是一個好的做法，因為**睡眠時間減少會影響記憶的儲存**。

要擁有好的學習品質，原則上每天應睡六到七個小時。

睡眠除了能讓身體休息，還能消除大腦神經細胞的疲勞。白天時大腦為了處理大量資訊，必須打亂神經網路和傳遞路徑，一旦睡眠時間不夠，大腦就無法對此進行修復。

要保持身體健康並確實記住學習內容，**應每天於固定時間上床睡覺**，晚間十一點到十二點之間是最佳就寢時間，然後於早上六點左右起床。

規律的生活作息能幫助大腦正常運作，提升專注力和記憶力。

　　那麼，工作很忙的人該怎麼辦呢？晚歸的人可在搭電車回家時讀書，並盡可能在早上騰出時間複習前一晚讀的內容。

　　如果你下班後常常需要應酬，建議不要喝太多酒，又或是只喝無酒精飲品。近年強硬的勸酒已比較少見，要減少飲酒量應該不是太難。

　　此外，我們應重新檢視自己的生活習慣，例如是否浪費太多時間在玩手機、逛網頁……等，藉此騰出足夠的讀書時間。

心動不如行動

　　請各位重新檢視自己的生活作息，排除浪費時間的各項因素，確保充分的睡眠時間。

記得住，
更要想得起來！

　　前面已告訴大家如何儲存記憶，但記住歸記住，不拿出來用就太可惜了！若光是學習而不實際使用，大腦就會調動排序，丟棄這些好不容易儲存的記憶。

　　社會人士之所以進修，大多是為了將所學運用在工作上。在這樣的情況下，該如何精準地「**回想起**」當初所學，就顯得格外重要。

　　有些人知道的並不比別人多，卻很懂得在報告或演講時巧妙地展現出所知的資訊，為自己建立知識淵博、無所不知的形象，提升個人評價。這些人就是因為具備高度的「回想能力」，才能夠有效調閱記憶，將自己擁有的知識發揮到極限。

　　很多人都曾在考試時忘記某個字怎麼寫，都已經快寫出來了，但左拼右湊就是寫不出來，檢討考卷時才大嘆：「我明明知道這個字，當時怎麼就是想不起來呢？」這代表前面兩個階段的「記住」和「保存」都沒問題，唯獨敗在最後的「回想」階段。

要提升回想能力，就必須不斷提醒自己「學習是為了實際使用」。在讀書時思考：「這個知識可以在什麼時候、什麼地方、如何使用？」、「這個項目要跟什麼一起記？」

記得住，也要想得起來。出社會後隨著年紀增長，「回想」也變得愈來愈重要，因為職場需要我們運用知識創造價值。

那麼，要如何成功調閱腦中的記憶檔案呢？這裡建議大家可用三種方式，**一是練習實際使用，二是預演排練，三是多擷取附加資訊**。

在答題時突然忘了該怎麼寫，通常是因為當初記憶時缺少附加資訊，所以才會想不起來。

只要多進行這類訓練，大腦就會將資訊儲存起來，形成適合實際使用的記憶。

心動不如行動

想要「學以致用」，請務必在學習時思考如何實際使用。

平時多練習，
關鍵時刻才不會想不起來

　　要精準調閱腦中檔案只有一個秘訣——不斷實際使用。多失敗幾次也無所謂，這樣才能知道自己哪裡沒做好，進而彌補不足之處。

　　為了不在正式上場時失敗，請務必幫自己多製造幾個「可以失敗」的機會，也就是「**預演排練**」。考生在大考前之所以要接受無數次模擬考、不斷做考古題，就是基於這個道理。

　　用功的人基本上都在「記住」跟「保存」上下足了工夫，像是使用單字本、複習教材……等，但很多人不知道的是，為「回想」進行排練也非常重要。比方說，在上台報告之前，先找身邊的人來當聽眾進行練習。

　　大多數人都不清楚預演排練的好處，因而過度依賴臨場表現。事實上，預演可幫助我們發現並解決問題，當預演過程中出現困難，就可以思考造成這些困難的原因，是因為附加資訊不足呢？還是資訊的傳遞順序顛倒了呢？

　　我們通常是用成套的方式一次記住多個相關資訊，**大腦**

必須重新排列這些資訊的順序，才能夠成功實際使用。因此，實際使用遇到困難也無須氣餒，只要靜下心來，檢視到底是哪個環節出問題即可。

平時多練習實際使用，能幫助我們習慣答題或做簡報的感覺，正式上場時才不會那麼緊張，回想的過程也會更為順暢。

大人的世界多將擅於簡報的人視為職場菁英，我們也可以以量取勝，藉此提升個人評價。

實際使用並非一成不變，你可以試著改變順序、切換角度，透過這樣的方式來刺激大腦，釐清自己的弱點，提升正式上場時的表現。

多接觸跟自己不同的觀念和想法，才能提升自己對資訊的應變能力。

心動不如行動

預演排練、尋求他人評論等方式可提升實際使用的表現。

推論未知事物
有增長知識之效

看到這裡，相信大家都明白如何有效率地記住學習內容、如何確實儲存記憶，以及如何精確實際使用內容了。

這套系統是學習的基本過程，要注意的是，即便能夠「精準地實際使用」，也不代表在遇到意料之外的事情時能夠隨機應變。為了拓展自己的世界，一定要跨出下一步——基於所學進行推論。

以歷史為例，第一次世界大戰期間，英國私下給了各國許多承諾，其中的矛盾引發了日後的中東問題，直到今日都未獲解決——我們能從這個史實中學到什麼呢？

你可以檢視自己的承諾是否互相衝突，又或是在分配職務時更加小心，以免同事之間發生糾紛。

簡單來說，**就是將學到的教訓與法則抽象化，套用在其他事情上。**

再舉一個例子，假設你到一家美味的餐廳吃飯，並從主廚那打聽到該餐廳食物如此可口的秘訣，學會了哪些食物適

合哪些調味料。

　　回到家後自己動手做做看，也屬於一種「推論」，因為烹飪是對「如何煮才會好吃」這個假說的一種實踐。

　　若最後煮出好吃的料理，就證明當初所想的過程與步驟是正確的；如果味道很差，或許就是烹飪順序哪裡出了問題。隨著檢證次數愈來愈多，知識範圍也會隨之拓廣。

　　訓練數學思考有助於提升這種能力。

　　為什麼「數學好」很容易跟「頭腦好」畫上等號呢？因為數學講求抽象式思考，並嘗試用各種方式解題，而「推論」正好也是如此。平時進行數學思考訓練，可幫助我們精進抽象化思考的能力。

心動不如行動

　　我們應思考能從知識中學到什麼，並透過數學思考訓練來提升推論能力。

思考多種可能性：複眼思考法

英國牛津大學的教育社會學家——刈谷剛彥將人類的思考模式分為**單眼思考**和**複眼思考**。單眼思考是用單一角度看待事物；複眼思考則是基於事物有多種面向，盡可能地用各種角度看待事物。

刈谷教授在東京大學教書時，曾在課堂上給學生看影片，請他們提交心得報告。

他在報告上寫了A、B、C、D後，於隔週發還給學生。拿到A的同學個個喜上眉梢，C和D的同學則急著找藉口，解釋自己為什麼寫不好。

刈谷教授跟大家說，這些英文字並不是成績，而是自己在看報告時，右手不受控制亂寫的。語畢，全場一片譁然。

這種看待事情的方式就是單眼思考，學生認定這些英文字是老師打的成績，毫不思索其他可能性。

那麼，該如何才能做到複眼思考呢？這裡要教大家一個沒什麼新意的做法，那就是對大眾的說法、知名人物所說的話抱持疑心，隨時反問自己：**「真的是這樣嗎？」**

讀書時也應抱持著懷疑的態度，在可疑的字句旁寫上
「我不這麼認為」、「應該也有例外吧？」等評論。這麼做
可釐清自己對哪些事物感到疑問，進一步去拜師或翻書尋找
答案。

建議大家可透過分析現狀、預測未來等方式，**練習思考
多種可能性，精進推論能力**。這能幫助我們進一步探討事
物，釐清每種狀況的差異與原因。

工作不順利又或是遭人責備時，很容易陷入單眼思考的
泥沼。複眼思考並非鼓勵你為自己辯解，但至少能守護你的
內心。

心動不如行動

為訓練複眼思考，我們應接納多方資訊，避免偏頗的看
法，讀書時也要心存懷疑，列出各種疑點。

鎖定焦點，
才能解決問題

　　「推論」能幫助我們在學習過程中深度鑽研，挖掘出文本上沒寫又或是老師沒說的東西。但要注意的是，這麼做有時也會弄巧成拙。

　　推論是一種思考的擴展，但得出結論講求的是收束，當想法只擴不收，那可就沒完沒了。

　　要比喻的話，就像在開發商品時只做腦力激盪，卻不總結出一個企劃，導致商品遲遲無法生產。

　　要解決問題，就必須鎖定焦點，釐清尋求的答案。在寫大學入學考的小論文時，即便前導文令你文思泉湧，還是要找出問題焦點、決定自己對於該問題的態度，否則根本不知從何下筆。

　　工作時也是一樣，必須釐清要解決哪些問題，針對問題提出精準的解決方法，用一套基準比較這些方法的優缺點，否則推論的方向只會愈走愈歪，以至於模糊焦點。

　　近年來，全球掀起了設計思考與藝術思考的熱潮，人們開始追求邏輯思考無法提出的創意。但這些創意真的能用

嗎？絕大部分的答案是否定的。

　　單面向思考會限縮我們的眼界，但當思考過度擴展，就會變得很不實際。

　　此外，在不同的前提條件下，答案也會跟著改變。**我們應依據狀況進行推論，才能更貼近現實**。簡單來說，就是要設想出一個明確的狀況，才不會淪為天馬行空。

　　釐清問題是非常重要的環節。在依據情況進行推論時，應分析哪些情形較為常見、哪些問題較容易發生，就能進一步掌握具體對策。

心動不如行動

　　推論前應鎖定重點，習慣性地釐清問題。

檢視自我思維，
提升自身評價

　　前面為各位介紹了確實獲取知識的方法，以及如何基於所學來進行推論。

　　簡單來說，前面的內容是在教大家「學會使用知識」。要注意的是，在某些狀況下我們可能無法精準地使用知識。遇到這種情形時，首要之務是釐清無法做出精準判斷的原因，用俯瞰自己的角度客觀思考，然後掌握自己在判斷上的偏誤，設法將這些偏誤剔除，進而做出冷靜的判斷。

　　這種俯瞰檢視自我的做法稱為「後設認知（Metacognition）」，也就是培養出一套「監控技巧」，檢視自己知識是否充足、有無聰明反被聰明誤、有無受到情緒影響……等，以確保能做出正確的推論與思考。

　　希望大家都能用這樣的方式來檢視自己的認知方法是否得當，冷靜地分析自己目前的精神狀態是否會產生判斷上的偏誤。

　　尤其在工作時，更要從各個角度檢視自己的認知狀態，像是「我對這個主題是否充分了解？」、「是否只就單一面

向進行推論？」、「我是不是太衝動了？」、「這樣做是否
太過自私？」……等。

　　養成這種自問自答的習慣，就能在內心產生「後設認知
版」的自己。

　　**為提升自我檢視的品質，我們必須先深入了解「人」是
什麼樣的生物，並釐清自己的強項與弱點。**

　　知道自己有何弱點，才不會接下超出能力範圍的任務，
並精進說話之道，避免惹怒別人。就某個層面而言，這也是
一種學習成效。

心動不如行動

　　「後設認知法」能幫助我們做出更優質的推論與思考，建議
大家應增廣見聞，以提升後設認知的品質。

別讓「自動思考」
害你停止思考

人類很容易被情緒影響思考和判斷，因而做出截然不同的推論。但只要意識到這一點，就能隨時確認改正。

重點在於看清自己的情緒狀態與思維模式的對應關係。比方說，有些人在心情不好時，即便發生好事也很容易負面看待；有些人則是在好心情的催化下過於樂觀，進而忽略負面因素。只要提前知道情緒會如何影響思維，就能提醒自己在哪些情況下容易陷入認知偏誤。

檢視自己厭惡的一面或許不是簡單的工作，但改變認知模式能幫助我們改善憂鬱、消除不安。**知道自己有哪些認知偏誤後，就能客觀檢視自我，進一步掌控情緒。**

認知偏誤的人，很容易反射性地出現特定想法。

比方說，聽到主管叫自己就覺得自己要被罵了。在做了什麼錯事的情況下，這樣想當然是無可厚非，但如果沒做錯事卻冒出這樣的念頭，就代表大腦自作主張喚起了過去的記憶。這種反射性思考就稱為「**自動思考**」。

當心中的不安情緒不斷擴張，就會加強自動思考的機

制，進而陷入惡性循環。

這麼一來，就算主管本來叫你去只是為了交待工作，你也會顯露出反抗的態度。一旦這樣的態度惹怒主管，就會落實了你先入為主的想法：「主管果然在生我的氣。」

當自動思考強化到一個程度，大腦就會停止思考，導致職場上的人際關係愈來愈差。

自動思考是可以矯正的。

方法很簡單，只要告訴自己「人很容易陷入自動思考」即可，並養成隨時檢視自己是否陷入自動思考的習慣。

這套後設認知型的自我檢視法有助於穩定情緒，避免情緒影響判斷。

心動不如行動

發生不愉快的事時，應立刻檢視認知偏誤，確認自己有無陷入自動思考的泥沼。

控制好情緒，
不白費努力

　　學習是件非常美妙的事，能讓我們獲得知識、培養文化涵養、學會各種技術，進而拓展工作的領域與興趣。然而，無論一個人再怎麼聰明、再怎麼努力，還是會有「突發性犯蠢」的時候。

　　像是遇到不如意時亂遷怒別人、沒想清楚就信口開河因而失去他人信任……等，這些都是自斷後路的行為，導致至今的努力化為烏有。

　　這類人書讀得再多，也沒有學會保護自己。先別說這個社會上有很多害人精，就算你身邊都是善良的好人，也無法保證所有事情都能夠順利進行。在這樣的現實環境下，我們更要準備一套應對之道。

　　要保護自己的首要之務，**就是保有智識上的謙虛**。剛開始學習時，對很多事都是懵懂無知，所以能夠純粹享受獲取新知的樂趣。然而，隨著學得愈來愈多，人很容易變得高傲自負，導致學習淪為保有自尊心的工具，只是為了讓自己感到優越，甚至覺得自己已經是專家、沒有什麼好學了。為自

己學習是件好事，但如果能夠運用所學造福身邊人，那就更棒了！若還不能做到造福人群的程度，就代表你還有學習的空間，懂得反省才是智識謙虛的保有之道。

當人家說了惹怒你的話時，請不要急著反駁。可以運用前面的「後設認知法」，**當意識到自己生氣時，先做一個深呼吸，等個幾秒鐘再開口**。這麼做能幫助我們冷靜下來，不僅能夠保護自己，還能找出對方話中的破綻。

學歷和頭銜都是努力而來成果，對這些成果有信心並非壞事。但要注意的是，一味沉浸於過去的功績，只會使自己停滯不前，還請各位為當下付出努力。

心動不如行動

怒火攻心時請先深呼吸，冷靜下來再發言。簡單小動作，迴避大危機。

提升同理心，
學友心連心

在自學風潮的影響下，很多人都以為讀書是一種孤軍奮戰。但在我看來，有學友一同並肩作戰，精神上才不會那麼緊繃。

跟別人一同讀書有很多好處，學習就是你們的共同話題，不懂的地方可以一同討論，遇到什麼困難也可以互相幫助。在結交學友時，「**同理心**」是很重要的。

說到「同理心」，一般都會想到認同對方的話，比方像是在說話時附和對方。但其實，這樣的反應也有可能是出自「同情心」。

以前有句流行語叫「同情我就給我錢！」，「同情」給人一種憐憫和自以為是的感覺，「同理」則是感同身受。

舉例來說，當有人發生憾事，你陪他一起難過，這是同理也是同情；當有人遇到好事，你陪他一起開心，就是同理而非同情。

當你能做到不嫉妒他人的成功，反而為對方高興，對方也會對你產生好感，因為你沒有將他視為敵人。

在這樣的連環效應下，就能結交更多的學習夥伴。

同班同學間的關係就是很好的例子。學生的心情很容易受到分數影響，可是，若因為同學考得比較好就嫉妒人家，並不會帶來任何實質幫助。

學校錄取的人數一般比班級人數要來得多。既然如此，何不同心協力讓成績進步，大家一起考上第一志願呢？

很多升學名校都有這種同心協力的文化，在革命情感的加持下，畢業後也能經常互相聯絡、舉辦同學會。

結交愈多學友，就能交換更多資訊，遇到困難也有更多對象可以求助。因此，還請各位盡量結交可以敞開心扉、商量煩惱的學習夥伴！

心動不如行動

學習也不忘拓展人脈，結交可以分享煩惱與目標、推心置腹的朋友。

第4章

事半功倍
時間運用術

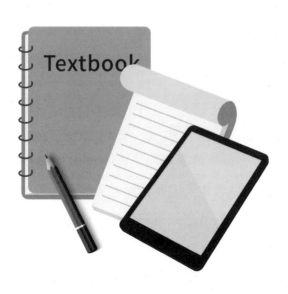

替時間「抓漏」

第四章要教大家如何有效運用時間、提升學習成果。很多人有心想要進修，但礙於每天忙於工作和顧小孩，所以遲遲沒有付諸行動。在這裡要提醒大家，若只是嚷嚷著很忙而不做出改變，是永遠無法踏出第一步的。

如果你也因為很忙而對學習力不從心，建議可用兩種方式來改善——一是提升時間效率，二是找出多餘的時間。本篇要先教大家如何幫時間「抓漏」。

相信很多人其實早就意識到，**生活中有很多時間是被浪費掉的**。像是一滑手機、一逛網頁就停不下來，搭電車時放空發呆……等。首先，你必須對這些浪費有所自覺。

建議各位可將自己一天中做的所有事情記錄下來，你會發現自己真的浪費了很多時間。像是六點半鬧鐘響後賴床四十分鐘、在車站等車的期間什麼都沒做、去程跟回程的車上各睡三十分鐘、醒著也只是在看窗外的風景、回到家後上網超過一小時……等。

抓出浪費掉的時間後，就能將這些時間運用在更有意義的事情上，像是讀書、工作、陪伴家人……等。

　　只要有心，只有一分鐘也可以讀書。看到這裡也許有人心想：「有必要把自己逼那麼緊嗎？」──如果你知道這些時間具有多大的可能性，就不會這麼想了。

　　一分鐘看似很短，其實很長。一分鐘能解決很多事情，在學習上，可以閱讀簡單的文章、背一個英文單字；在工作上，可以讀完一封電子郵件，甚至完成回覆。

　　以此類推，三分鐘就可以做更多事。我們應把該做的事盡快做完，再把多餘的時間拿來休息放鬆。

心動不如行動

　　回顧一整天在哪些時間做了哪些事，一起幫時間「抓漏」。

記錄睡眠，
計算最佳睡眠時間

　　有些人為了讀書不惜犧牲睡眠時間，雖說第三章已告訴大家睡眠之於學習的重要性，但問題在於，如果不犧牲睡眠，要如何騰出時間讀書呢？

　　以前有一句話叫「四上五落」，意思是考生如果只睡四小時、把其他時間拿來念書，就能考上大學，若睡五小時就會落榜。

　　這種傳統觀念其實非常沒有效率，如今大家都已明白「睡好才能考好」，睡眠不足會導致大腦無法消除疲勞，進而影響隔天的工作或學習效率，妨礙記憶儲存。

　　最佳睡眠時間是幾個小時呢？前面建議大家最好在晚上十一點睡、早上六點起床，但這只是一般論。每個人的最佳睡眠時間都不一樣，有人跟拿破崙一樣只需要短暫的睡眠，有人不睡滿九小時就一整天無精打采，不能一概而論。

　　建議各位可**先記錄自己一整個禮拜的睡眠時間**，釐清自己幾點睡、幾點起床才能打造最佳狀態，再於隔週開始實行。要注意的是，重點不在於睡幾小時，而是睡幾小時才能

提升白天的做事效率。

　　因此，我們不用特別羨慕天生睡得少的人，覺得他們怎麼那麼幸運，有多餘的時間可以工作或進修。換個角度來想，提振精神也是非常重要的環節，享受睡眠不也是一種充實人生的方式嗎？

　　現代人愈來愈注重「**睡眠品質**」。有些個性一絲不苟的商務人士，還會定期去看睡眠科，徹底施行睡眠管理。但我們不用做到這種地步，事實上，只要白天曬到充足的陽光，身體就會自動調整一種名叫褪黑激素（Melatonin）的睡眠激素，提升夜間睡眠品質。

　　不用太過心急，先從能力範圍內做起。

心動不如行動

　　在不壓縮睡眠的前提下，思考該如何提升學習成效。

小睡二十分鐘，
大幅提升品質

前面介紹了許多晨讀的好處，並建議大家如果前一天的工作沒完成，也可以早點到公司，趁著同事還沒來時把工作做完。

然而就現實狀況而言，這個方法並不是每個人都適用。隨著「晨型人」的概念廣為人知，現在就算提早出門上班，電車還是非常擁擠；有些公司為了讓員工避開通勤高峰期，會特意延後上班時間；許多人在疫情的影響下，目前都是在家工作。

即便如此，我還是建議大家過晨型生活，運用上班前的空檔讀書、從事最近相當流行的「朝活（晨間活動）」，又或是利用早晨排定一整天的工作行程。

重點來了！建議大家一定要做兩件事，**一是依據上午工作或學習的進度來重訂下午的流程，二是睡午覺。**

很多業務人員都是上午待在辦公室，處理令人犯睏的事務工作，下午才出去跑業務。我本身並不反對這樣的工作方式，但不是每個人都能如法炮製。

早起自然就會「早累」，午睡能幫助大腦消除疲勞、提

升工作和學習效率。想要在下午保持良好的工作品質，又或是利用假日的下午時間讀書，請務必在吃完午餐後睡個午覺，時間以二十分鐘為佳。

在家工作的人，**吃完午餐請直接上床午睡**，提升下午的工作品質。

實體上班的人，就在辦公桌或休息區小睡一下。

午睡至少要睡到醒來時有「剛才睡著了」的感覺，熟睡到某個程度後，瞌睡蟲就不會再次來襲。

雖說每個人的狀況都不一樣，但對我而言，午睡是將效率提升到極致的最佳方法！

心動不如行動

每天請務必午睡二十分鐘，幫助身體恢復元氣，讓下午過得更充實。

追求高效率，量比時數更重要

　　前面已教過大家如何幫時間抓漏、騰出空檔，本篇要進一步說明如何充實運用時間、提升時間效率。

　　說來遺憾，一天就只有二十四小時，這是無法改變的事實。如果你本身工作較為忙碌，無法將原本三小時的讀書時間增加到六小時（將短暫空檔積少成多也是一種方法），還是可以運用一些技巧，用三小時讀完六小時的量。

　　我常告訴考生，數學問題若思考五分鐘仍不得其解，就直接把答案背起來。思考五分鐘加上背答案的五分鐘，一題只需花十分鐘，一個小時就可以寫完六題，比起思考一個小時還想不出一題的答案，這樣的方式要來得有效率多了。

　　這個方式的複習量較多，卻能大幅提升學習效率。

　　大人讀書應設法提升時間單位的學習量。請記住，**重點在於「量」──不是讀多久，而是讀多少。**

　　如果你每天只能擠出一個小時的讀書時間，但只讀一個小時的量會趕不上進度，這時該怎麼辦呢？

　　千萬別犧牲睡眠時間來補進度，這是非常愚蠢的做法。

像這種情形，應設法在一小時內讀完目標進度。

　　比方說，**遇到解不出來的題目，請直接看答案又或是向人請教**。若還是摸不著頭，死背型內容可換一本更淺顯易懂的教材，理解型內容可重讀一次前面的章節，並充分運用晨間、通勤路上、午休等時間來複習。

　　你也可以配合讀書時間選擇教材、有問題就向學友請教……等。既然沒有太多的學習時間，就要運用更多的學習技巧！

心動不如行動

　　學習量比學習時間更重要！遇到不懂的內容，請不要花太多時間思考，直接看解答比較快。

時間計測要實際，排定計畫更容易

你知道自己做事「實際」需要多少時間嗎？大多人都只有評估「大略」需要的時間，像是做Ａ工作「應該」只需要幾分鐘、Ｂ工作「可能」需要幾個小時，沒有實際計測到底需要多久。

為排定工作或學習計畫，我們應釐清自己做每件事實際需要的時間，比如說，寫企劃書要花多久、收信讀信要多久……等。

知道自己每小時能做多少事是很重要的。實際計測過後你會發現，早上收信到回完信實際需要的時間比想像中的短。當我們意識到自己在計算時間，做起事來就會比較積極，不會拖拖拉拉。

這裡要提醒大家，請不要把行程排得太緊，還是要安插玩樂的時間。現在這個社會，一旦被視作人才，大家對你的要求就會比較高，工作量也會隨之增加，進而壓縮到自己的私人時間。因此，為了保護自己，請不要把自己逼得太緊。

掌握每件事的所需時間，就能找到更多空檔，運用額外獲得的時間。這樣的方式不只能用在工作，也能用在學習。

知道自己三十分鐘能讀幾頁入門書，訂立讀書計畫才能更有頭緒。

假設某個證照考試一般都是先花三個月讀完全部內容，再花三個月練習解題。這時可以先拆解前三個月的內容，確認每天的應讀頁數，評估自己實際需要多少時間。

有些人不用準備那麼久，有些人則需要更多時間。無論你是哪一種，只要具備這樣的觀念，基本上都能訂出更適合自己、更有效率的學習計畫。

這個方法還有一個額外的收穫，那就是知道自己有哪些「無法計算所需時間」的行為。沒錯，這裡指的就是休閒娛樂時間。

當然，有娛樂是好事，但各位無需矯枉過正，只要不打亂生活規律即可。

心動不如行動

透過實際計測，來掌握自己工作和讀書需要多少時間。

優秀人才都這麼做：該休息就休息

　　我們都知道效率很重要，但說老實話，要將所有時間運用得淋漓盡致、不浪費一分一秒，根本就是不可能的任務。若將行程排得太滿，遇到突發狀況反而會無法臨機應變，又或是因為體力透支而影響表現。想要發揮實力，就一定要適度休息。

　　人類的專注力最多只能維持九十分鐘，這也是日本大學將每堂課設定為九十分鐘的原因。一般來說，每九十分鐘就應安插一段休息時間。

　　美國商務人士大多都是每上班五十分鐘就休息十分鐘，日本高中以下一堂課多為五十分鐘，現在也有學校縮短為四十五分鐘。

　　近來因為疫情的關係，愈來愈多人改為在家工作。在家工作不僅較少活動身體，有些人甚至比在辦公室時更加拼命。**我們應適度為自己安插休息時間，做做伸展操來活動筋骨**。尤其是需要動腦的工作，更要提醒自己休息。

　　每天的休息時間很重要，每週的休息時間也不可忽視。

　　這裡要提醒大家，六日行程排太滿會容易導致身心俱疲，**每週請務必排一天「休養日」**，如果無法休息一整天，也至少要休息半天。

　　此外，別忘了幫自己定期安排長假來轉換心情，不喜歡休太久的人可採分散請假的方式。

　　只要能好好休息，請假方式不拘，選擇自己習慣的方式即可。

　　過去有很長一段時間，日本社會認為菁英就該不眠不休地工作，但如今這種觀念已然成為過去式。

　　觀察職場菁英和學霸你會發現，他們都在應該休息的時候好好休息，該衝刺的時候衝刺，該歇腳的時候歇腳。別忘了前面說的，這是一個工作時數很長的時代，短時間內將體力燃燒殆盡，吃虧的終究是自己。

心動不如行動

　　為保持專注，每讀五十分鐘就要休息十分鐘，適度安插休息時間。

用晨讀
開啟充實的一天

　　前面提到晨型生活有助於提升學習效率，並建議大家應養成晨讀的習慣，趁著早上神清氣爽時讀書，來加強前一天的記憶。

　　不過，相信一定有人對這樣的做法抱持懷疑的態度：「早上提早起來，下午難道不會很快就累嗎？這樣要怎麼工作跟學習？」

　　身為一個「前夜貓子」，我很能理解為什麼會有這種想法。我國高中時經常熬夜聽廣播，剛出社會時白天忙得焦頭爛額，晚上就跟朋友喝到三更半夜。年輕時體力好，隔天起床又是一尾活龍。夜間聚會為我的生活注入了活力，不僅能擴展人脈，也是蒐集各種資訊的絕佳場合。

　　然而，如今時代不同了，現在雙薪家庭愈來愈多，公司給的經費愈來愈少，夜間聚會也沒有以前那麼頻繁了。身處這樣的時代，晚上讀書固然是一個選項，但一整天工作下來早已是筋疲力盡，也比較容易分心（不過還是建議大家多少騰出一點晚上的時間讀書）。

在頭腦精神百倍的晨間時段讀書，效率更高。假設你在早上五點起床，讀完兩個小時的書、完成大量進度，也才早上七點。若能在週末早起，更能充分運用一整天的時間。

如果你平常都得照顧小孩，可趁著孩子還在睡時早起，自由運用這段時間。很多父母晚上都陪孩子睡覺陪到昏昏欲睡，這時不妨就跟著孩子一起早睡，隔天再早點起床。

下午的疲勞問題可透過午睡來解決，又或是在下午補充一點糖分。晚上累了就先將工作告一段落、上床睡覺，隔天早上再早起完成。建議大家為自己制定一套「早起固定流程」，像是起床後做簡單的運動、喝咖啡……等，來打造規律的生活。

許多知名經營者和財經人士都對外分享過自己的晨型生活。早起開創屬於自己的時間，或許就是通往成功的捷徑喔！

[心動不如行動]

晨讀能提升學習效率，充實運用一整天的時間。下午容易累的人，中午別忘了小睡一下。

不吃早餐？
小心影響學習效率！

除了睡眠時間，吃飯時間也非常重要。建議大家應每天固定吃早、中、晚三餐，打造規律的飲食生活。

早餐與專注力息息相關。身體在吃飽後會將養分運送至腸道，這時人就會變得昏昏欲睡。一般來說，在「有點餓時」讀書效率較高，**然而一旦餓到一個程度，頭腦就會無法運轉，導致提不起勁念書。**

假設一個人在七點吃早餐、十二點吃午餐、晚上七點吃晚餐，那麼早餐和午餐就是間隔五小時，午餐和晚餐間隔七小時，晚餐和隔天的早餐間隔十二小時。

在這樣的情況下若不吃早餐，就等於十七個小時沒有進食。這會導致葡萄糖不足，使腦部陷入低血糖狀態。

常聽人說「有吃早餐的學生成績表現較佳」。當然，這其中可能存在偏誤，因為會盯著孩子吃早餐的家庭，通常都較積極投資孩子的教育。

但無論如何，有吃早餐的孩子成績確實都比較好，在這鐵錚錚的事實面前，**吃早餐絕對不會讓你吃虧。**

　　有些人不吃早餐是因為早上沒胃口，又或是擔心吃飽後犯睏。事實上，早上沒胃口是因為晚餐太晚吃，又或是身體還沒完全清醒，這些問題都可以靠「晨型生活」來獲得改善。

　　吃完早餐會昏昏欲睡是因為身體內的血糖上升太快所導致，而營養均衡的膳食可防止血糖迅速上升。另外，**缺乏血清素（Serotonin）會導致大腦反應遲鈍，甚至引發憂鬱症，為避免這樣的情形，請一定要攝取足夠的肉類。**

　　拉長餐與餐之間的間隔有助於保持專注，建議可以提早吃早餐，然後晚點吃午餐，在空腹期間完成工作或學習進度。

心動不如行動

　　打造規律的生活，早餐要吃得早、吃得好，並拉長餐與餐之間的間隔。

先解決三心二意，
才能夠專心一意

　　前面說到良好的睡眠和飲食習慣有助提升學習和工作表現，接下來要跟大家談談「專注」的問題。

　　常有人問我：「怎麼做才能維持高專注力呢？」但其實，「專注力愈高愈好」是一種很危險的想法。各位應該都有在火燒屁股時發揮超強專注力的經驗，但這是外在壓力所催生的專注力，而非自己提升的專注力，而且這種機會不是每次都有。

　　人類是一種很奇妙的生物，當我們愈告訴自己「要專注」，就愈是無法專注，而且極度專注後都會累到筋疲力盡，接下來都無法做出成效。

　　考慮到人類的特性，其實「避免專注力下降」才是比較實際的做法。

　　心有旁鶩會使人無法專心。比方說，工作忙碌時，就比較難維持原有的生活步調，也無法早點回家讀書；心中一旦有所掛念，就無法靜心學習。

　　其他像是熬夜睡眠不足、宿醉等情形，也會導致隔天注意力不集中。

為避免專注力下降，我們應排除任何導致分心的原因，除了比較基本的像是注意身體健康、不喝太多酒，**解決令人掛心的事情也是非常重要的**。

如果有放不下心的工作，建議還是先做完再讀書。心神不寧還硬逼自己讀書，反而會大幅降低學習效率。

想要提升學習效率，請務必先找出導致分心的因素，再設法將其一一解決。

心動不如行動

若有讓你無法專心念書的事情，先把它解決掉再說吧！

期限使人更專注：
火燒屁股法

上篇說到，讀書應排除引發分心的因素，維持自己的步調，以確保注意力集中。但要注意的是，請不要因為過度投入「排除工作」而本末倒置。

舉例來說，有些人晨讀前會為了醒腦而進行簡單的運動，這時若沒拿捏好分寸，因做得太過激烈而筋疲力盡，那不就沒有意義了嗎？這一點還請各位多方嘗試，找到屬於自己的最佳平衡點。

事實上，也不是沒有提升專注力的方法。我們可以利用「期限」的力量，**透過「火燒屁股法」來讓注意力更集中**。

人在考試期間的專注力也會有起伏變化，一般是在剛開始和快結束前最為集中。

也就是說，**頻繁訂立期限、設立開始跟截止的時間，能幫助我們提升專注力**。

前面說的讀五十分鐘休息十分鐘、讀九十分鐘休息十分鐘，就是一種利用期限來提升學習效率的方法。同樣道理，你也可以在五十分鐘、九十分鐘內設立更多小期限，讓自己

更為專注。

比方說，你可以把五十分鐘的讀書時間分成五個十分鐘，第一個十分鐘寫一頁考題，第二個十分鐘對答案，第三個十分鐘看解說，第四個十分鐘再寫一次考題跟對答案，第五個十分鐘讀該考題的課本範圍。

只要使用「火燒屁股法」，就能在短時間內多次把自己逼到極限。當然，你不一定要把時間分成等份，可以視情況進行調整。

因為這是一種很累人的方式，所以在使用「火燒屁股法」時，請務必頻繁安插休息時間，透過睡午覺等方式來重振精神。

此外，「過度專注」可能會導致隔天精神渙散，這點還請多加注意。

心動不如行動

短時間內設立多個期限能讓人更為集中，但這樣的方式必須適度休息，才不會筋疲力盡。

避開尖峰時段，
通勤時間不浪費

你是否也覺得通勤路途很漫長呢？

很多人結婚前是在公司附近租屋，不知「尖峰時段」為何物，結婚生子搬到郊外後，便在不同的生活節奏下失去了自己的步調。會出現這樣的情形，一方面是因為屬於自己的時間變少，一方面是因為通勤時間變長、疲勞不斷累積的緣故。

假設單程通勤要一小時，來回就是兩小時，一週工作五天，每週就有十小時、每個月就有四十小時在通勤——**若能在通勤路上讀書，就等於增加了大量的學習時間。**

建議大家提早一個小時出門上班，避開交通尖峰時段，在較為空曠的車廂中讀書進修、用手機或平板電腦做筆記、確認新聞時事……等。

你也可以早點到公司附近的咖啡廳，享受一個小時的自由時光（零用錢比較少的人，可以試著跟家裡商量看看）。如果你吃完早餐容易昏昏欲睡，也可以在電車裡補個眠，花點錢坐商務車廂也是一種放鬆身心的方法。

如果你的公司在推行職場改革，允許員工提早上班、延後上班，又或是在家工作，那你不妨早點起床在家讀書，等到通勤尖峰時段過後再出門上班。

聽本書的編輯說，東京近郊地區的電車一大早就很擁擠，但過了尖峰時段後就沒什麼人。

如果因為某些原因無法避開尖峰時段，可改為運用等車時間，搭車時也可在腦中進行各種演練、排定工作行程，又或是回想之前讀過的內容，若有想不起來的地方，之後再加以複習。

只要你願意，通勤時間可以做的事可多著呢！

心動不如行動

只要運用巧思，避開通勤尖峰時段，又或是搭乘各站停車的區間車，就可以擁有更多的學習時間。

別讓長期計畫
扼殺了你的鬥志

面對半年後的證照考試，若在沒有訂立任何中途計畫的情況下準備，會發生什麼事呢？恐怕埋頭苦讀個一兩天，就舉白旗投降了。

就長期計畫來看，即便發奮圖強一、兩天，能讀完的進度也只佔整體範圍的一小部分。這種挫折感就有如一盆當頭冷水，澆熄好不容易燃起的鬥志。

不只考試，**任何學習都應設立階段性的期限與目標，否則很容易在原地踏步，導致最後徒勞無功。**

為避免說明太複雜，我們這裡以考試為例，教大家如何訂定計畫來讀完課本跟題庫。

如果打算在半年內讀完三次，卻只訂定「前三個月讀完第一次，接下來的兩個月讀完第二次，最後一個月讀完第三次」這種長期計畫，會發生什麼事呢？假設所有的內容為一百，第一天努力讀完百分之二，依然剩下百分之九十八沒有讀……看著遙不可及的目標，實在令人沮喪。

為避免這樣的情形，**建議可訂立「每週學習計畫」**，將

三個月算成十三週，就等於每週需讀完百分之八的進度。這麼一來，即便第一天同樣只讀了整體內容的百分之二，卻是當週進度的八分之二——這種「小步目標法」是不是比較有成就感呢？

　　照這個步調，只要四天就能達成一週的目標。其他日子可以超前進度、讀其他東西，也可以放慢腳步來讀，又或是休息一天。

　　上班族比較能掌握自己一週內的行程，只有長期計畫不僅較難設立目標，也很難如願進行。另外別忘了訂出「每月學習計畫」，設立每個月的複習日。

心動不如行動

　　以週為單位排定學習計畫，更有「過關斬將」的感覺喔！

一週一天「休息日」，維持學習高效率

安插休息時間對學習是非常重要的，因為人很難在長時間內保持高度專注力，一旦感到疲累，效率也會隨之降低。

因此，我們每週應為自己安排一天「休息日」，以避免壓力過大。

這個「休息日」可不是有休就好，如何渡過才是重點。如果你平常都是休週六跟週日，可把其中一天作為「休息日」，在這天做些能夠放鬆身心的事。當然，如果你的興趣就是念書，念書就是你的娛樂，那就在這天「埋頭樂讀」吧！

在訂立學習計畫時，**應將一週的進度訂為週一到週五能讀完的量，週六就用來還這週沒讀完的「進度債」跟複習。**

簡單來說，週六就是「備用日」，如果這週有哪天臨時有事無法按時讀書，又或是某幾天沒有達到預期進度，就可以在週六補足，讓「本週事、本週畢」。週六同時也是「複習日」，用來複習牢記這一整週的內容。

這麼一來，讀書計畫就不會被打亂，按時讀完內容。

　　如同〈036　保存記憶的秘訣①〉說的，我們可在讀完後，隔天或一週後複習內容，運用定期的方式來循環複習。除了循環複習法，也可在週六額外進行一週總複習，藉此統合零散的學習內容，掌握整體面向，加深理解的深度。

　　看到這裡或許有人想問：「我平日時間滿檔，可以集中在週六週日讀書嗎？」如果你只是讀興趣的當然沒問題，但如果是要考證照，還是建議每天多少有點進度。

　　如果只在週六週日讀書，經過了五天空白期，週六讀起來會相當生疏。真要以六日為主力，平日也一定要每天稍作複習，以維持六日的學習品質。

心動不如行動

　　將週一到週五能讀完的量訂為一週進度，將週六設為還債用的「備用日」和「複習日」，週日則好好休息。

按表操課
有利於持之以恆

在第三章中我們以「刷牙」為例，說明了即便是不喜歡的事情，在養成習慣後也能自動自發執行，甚至不做就渾身不對勁。很多人明白這個道理，但就是無法將想法付諸實行。

做任何事都一樣，要提高執行力，就不可幫自己找「不做的理由」。人一旦有了退路，就會逐步往退路而行，進而失去原有的幹勁。

大多「不做的理由」都是「自以為」的想法，像是「做了也做不好」、「做了也是徒勞」……等。

「謹慎」必須視情況而定，像投資創業這種一旦失敗就必須付出嚴重代價的事情，當然必須謹慎而行；但**進修就算以失敗告終，損失的也不過是自己的時間**。

很多人都很害怕失去時間，但各位有沒有想過，就算我們什麼都不做，時間也不會因此駐足。就算真的因為進修而浪費掉一些時間，也不是毫無意義，因為過程中能獲得各種啟發與收穫。我們可以先抱持著「試試看」的心情，然後將

重點放在嘗試所帶來的經驗上。

　　建議大家可以追求自己喜歡的事物，人在做自己喜歡的事情時，通常都是幹勁滿滿。只要你喜歡，都可以試著做做看！

　　你也可以用「矯正心態」的方式，當你專精於某個事物時，除了該事物本身的專業學問外，還能學到許多隨之而來的附加知識。這些「附加價值」有時能增進我們對學習的鬥志，對原本感到索然無味的證照考試燃起興趣。

　　如果你對學習就是提不起興致，那就專攻自己喜歡的事物吧！

　　現在這個時代，人人都可以在網路上透過部落格等平台發送資訊。有時候在平台上分享自己喜歡的事物也會得到不少好評，而這些網友的回饋，或許也有值得學習的地方喔！

心動不如行動

　　從喜歡的事物下手，更能養成學習的習慣。大家可先從「排定固定流程」做起，用按表操課的方式來維持幹勁。

第5章

快狠準之
神速學習法

筆記不用太漂亮

很多人喜歡把筆記寫得很漂亮，覺得這樣之後比較方便複習。

國高中時有些老師會要求學生交筆記，寫得整齊漂亮通常分數比較高，這也無意間讓我們形成了「筆記要寫漂亮」的觀念。

那麼，筆記該怎麼寫比較好呢？首先你必須思考一個問題：「為什麼要做筆記？」

上完課後真正會翻閱筆記的人有多少呢？在做筆記時，一定要以「之後會看」為前提，設法讓自己能透過筆記回想起上課內容。

尤其在上證照考試的課程時，一定要**全力做筆記**，盡量將老師說的話全部寫下來。

既然是「全部」，那當然包括老師閒聊的內容。

因為閒聊的內容一般都很有趣，較容易留下印象。之後在讀筆記時，就會想起當初老師為什麼會提到這段趣談，鮮明地回想起前後的課程內容，進而加深對課程的理解。

　　上文化涵養方面的課程就不一樣了，專心聽課才能留下深刻的記憶、吸收自己有興趣的內容。

　　因此，上這類課程應採取「重點筆記法」，只寫下感到有趣的部分。

　　無論是什麼課程，**筆記都不用寫得太漂亮**。若真的亂到很難看懂，事後再彙整成一份新筆記即可。在彙整筆記的過程中，還可查詢當初沒搞懂的地方，又或是將內容整理成圖表，效果非常好喔！

　　你也可以使用錄音筆等設備，將課程直接錄下來，但一定要專心聽講，千萬別仗著有錄音就放任思緒雲遊四海喔！

心動不如行動

　　在上證照課程時，請盡量把上課內容筆記下來，連閒聊都不要放過！

一本筆記走天下

各位在讀書時，是不是每個科目都會準備不同筆記本呢？不少人做筆記是為了留念保存，不太會拿出來複習。

比起「各科一本」的方式，我更推薦「隨身一本」——隨身只攜帶一本筆記本，有需要時隨時拿出來寫，使用起來更為方便。

做筆記的重點在於「複習」。**平時經常做筆記，自然就會養成複習筆記的習慣**。

建議大家隨身攜帶一本記錄用的筆記本，複習時再依科目或主題分開彙整到不同的筆記本上。

最糟糕的情況，就是同時擁有好幾本筆記本，搞不清楚哪一本記了什麼，因而找不到需要的內容。各位可用記錄日期等方式建立一套「搜尋機制」，這沒有絕對正確的方式，只要找到最適合自己的方法即可。

以前很多人對「非手寫」的筆記很感冒，但隨著裝置的發展與進步，如今問題已慢慢獲得解決，也愈來愈多人使用平板電腦的 App 做筆記。

使用這種方式的人，可將筆記依主題分類儲存在同一台平板電腦內，然後將相關的講義資料存在同一資料夾中。若

有無法歸類的內容，可開設一個「綜合筆記」資料夾，在整理時歸檔儲存。若能將內容跟手機同步備份，那就更完美了！

　　如果你無法接受平板電腦，習慣做紙本筆記，那也沒問題！只要隨身攜帶一本筆記本即可。

　　做筆記時，請務必寫下日期跟主題，以利於之後的複習工作。此外也可用 Excel 記錄日期、主題、頁數，讓管理跟查詢更為方便。

心動不如行動

　　隨身攜帶一本筆記本，又或是將筆記存在平板電腦裡，隨時隨地輕鬆做筆記。

過多的資訊
只會佔用時間

面對「資訊」有兩個重點，一是如何蒐集資訊，二是如何整理資訊。

各位平常是如何蒐集資訊的呢？絕大部份的人應該都是從網路上獲取資訊。這本身並非壞事，但網路上的資訊量非常龐大，良莠不齊，光是取捨跟選擇就得花上大量的時間。

如果你查詢的內容比較小眾，又或是已事先限縮範圍，搜尋結果數量比較少，或許還能存在電腦裡又或是抄成筆記。

但如果不是，就會搜尋到無限多資訊。在這種情形下，全數儲存並非聰明之舉，當下應只閱讀其中幾則，之後再進一步查詢。

簡單來說，**這個時代比起「蒐集資訊」的能力，更需要「取捨資訊」的能力**，也就是要有一套篩選資訊的基準。

搜尋資訊前，請先決定好篩選的條件，像是「不超過自己的理解範圍」、「自己感興趣」、「自己覺得重要」……等。具備這種心態非常重要，因為我們沒有那麼多時間閱讀

所有的網路資料，在這方面也完全不是 AI 的對手，既然如此，就用人類的做法一決高下吧！

　　各位有注意到嗎？上面舉出的篩選條件都包含「自己」二字，**這些條件就如同在為自己建立「主幹」。**

　　「資訊主幹」應盡可能以書籍、論文為來源，在讀完入門書籍、有大略的了解後，再到網路上搜尋「資訊枝葉」。

　　跟網路上的資料比起來，有專家做擔保的書籍和論文當然比較可信。

　　要獲得這類資訊來源，可以直接問專家，或是請專家推薦入門書籍是最快的，說不定他本人講解得比書上寫得更清楚呢！

　　處於入門階段時，可先對專家的話照單全收，等到比較有眉目後，再開始「懷疑」也不遲。

心動不如行動

　　我們應盡量向書籍或專家學習，不過度依賴網路。建立自己的「主幹」後，才能幫資訊去蕪存菁。

學會歸納整理，
別讓資訊淪為垃圾！

上篇跟大家分享了蒐集資訊的方法，簡單來說，就是擁有自己的專業和擅長領域，透過讀書、向專家請益等方式來灌溉主幹，使之發展茁壯。

建立「資訊主幹」是非常重要的，這並非一朝一夕可成的事。就是因為無法輕易做到，所以讀書才那麼辛苦。

有了主幹後才能開枝散葉，建立一套彼此息息相關的高效率資訊體系，幫助我們找到彙整資訊的重點。

就相反的角度來看，**「資訊主幹」有助於培養彙整能力。**

若不懂如何彙整，再多的資訊都就只是沒有意義的「垃圾資訊」，就有如不斷排放的污水，無法作為商場上的武器與裝備。

用數學來說，彙整就是歸納法，將具體事物抽象化。要提升彙整能力，第一必須要掌握事物背後的整體結構，第二要增加字彙來換句話說，然後在具體與抽象之間來回穿梭——「讀書學習」就是做到這幾點的必要條件。

久而久之，我們在接觸到「資訊枝葉」時，就會習慣性

地去思考「這個資訊想要表達什麼？」、「重點在哪裡？」。一旦彙整能力獲得提升，「主幹資訊」也會逐步形成。這些繁雜的努力過程，最後都將成為你的寶貴資產。

商務人士在學習時，**請務必為自己建立多根主幹**。

以金融商務人士為例，首先要建立最為粗壯的主幹——「金融」，然後再慢慢建立與金融相關的「財務」、「不動產」、「法務」、「市場」……等其他主幹，拓展資訊範圍。擁有多根資訊主幹，就能更多發展機會。

心動不如行動

我們應培養彙整能力，用自己的話來表達蒐集到的資訊，建立屬於自己的資訊主幹。

別把資料整理得「太乾淨」

　　近來許多公司都在辦公室內採取「自由座」，員工每天上班可自由選擇辦公座位，下班時再把所有東西帶走。

　　此外，電子文件也愈來愈盛行，去紙化已然成為一股潮流。

　　要注意的是，這些方式適用於工作，卻不一定適用於學習，至少對我而言是如此。

　　在我看來，**把尚未確認過的資料一併收掉將導致學習中斷，隔天還需要花時間銜接。**

　　我在寫稿時，通常是將需要的資料放在看得到、拿得到的範圍內。在寫稿前，我會把所有資料放在電腦桌兩側的桌子上，空間不夠就放在地板上。用完的資料就放回書架上，然後把下一批要用的資料遞補上來。

　　這種方式雖然比較不美觀，但如果每天睡前執意把桌面整理乾淨，隔天就無法順利銜接進度。別忘了，「整理乾淨」並非目的，而是一種方法。我自己在考大學、醫師國考時都是用這種方式準備，相信對證照考試一樣有效。想要讓

房間恢復整潔，就必須把該讀的進度、該做的工作做完。

各位平時可用分門別類的方式存放管理書籍資料。

但要注意的是，**不要花太多力氣在分門別類上**，過於繁瑣的歸類過程只是在浪費時間。

分類只要抓個大概即可，比方說，將書籍粗分為「證照考試類」、「文化涵養類」、「小說類」，再將證照考試類的書籍分科擺放。

如果你本就不擅於整理物品，就不用強迫自己一定要整理乾淨。因為就算不整理，也不太會影響到學習成效。只要有了「資訊主幹」這個重心，我們的大腦就會自動對資訊進行分類。

心動不如行動

「整齊整潔」並非整理資料的目的，只要進度銜接不間斷，大腦就能自動分門別類。

瞧不起入門書籍？
小心繞遠路而行！

相信看到這裡，各位都已經明白入門書有多重要了。

很多人認為自己已是社會老鳥，既然要進修，就要從名人寫的書又或是公認教材讀起。這其實是一種高風險做法，**建議大家剛開始還是要放下虛榮心，先從價格便宜、淺顯易懂的入門書籍下手。**

以簿記檢定為例，如果一開始就讀會計學課本，難度就太高了。要投入證照考時，請務必先做考古題的題庫，了解自己的程度在哪裡再購置入門書。

但還是要特別提醒大家，入門書只是幫助我們在起跑點站穩的工具，千萬別讀完入門書就志得意滿、在他人面前賣弄初階知識。如果對方剛好是相關領域的專家，那可就糗大了！還請各位在鞏固基礎的同時，慢慢提升難度。

那麼，找入門書有什麼要訣呢？你可以在網路上找書評，但還是要親手翻過再做決定。

首先，請找一家大型書店，實際到書店裡「比稿」。

比稿首重**前言與目次**。有寫過書的人都知道，前言通常

不是一開始就寫，大多都是在內文寫到一定程度、釐清要向讀者表達的重點後，才會動手寫前言。

因此，閱讀前言就能大概掌握內文結構和作者用意，請在確認過前言後，挑選最淺顯易懂的書。

此外，也可以翻到最後的版權頁，確認該書是第幾刷，刷次愈多的書基本上就愈可靠。但這只是「基本上」，有些人只要出書就會有基本銷量，所以刷次並不完全是內容的保證。要確認內容優劣，還是要親自翻過才知道。

心動不如行動

透過前言與目次挑一本優質的入門書，學習過程會更順利。

讀需要的章節
就夠了

很多人認為書要從頭讀到尾才叫「讀過」，但問他們讀了什麼，卻是一問三不知。

原因很簡單，因為要從頭讀到尾是相當浩大的工程，所以就只有讀過一次。先撇開小說不談，如果是為了進修而讀書，讀需要的章節就已足夠。

只讀一章可以嗎？當然可以（基本上好書都是第一章最為精彩），但一定要反覆閱讀多次，然後用自己的方式把內容讀進去，像是用螢光筆做記號，又或是把重點抄在筆記上。

常聽人感嘆自己記憶力大不如前，想不起書中的內容。但就正如前面提到的，這並不是因為記憶力下降，而是擅長的記憶方式出現改變，又或是心態沒以前那麼積極了。

你還記得自己以前「記憶力還很好」的時候是怎麼讀書的嗎？背不起來就跟自己發脾氣，孜孜不倦地反覆讀寫——今後的你，也必須和當時一樣努力。

　　日本的書價大多介於數百到一千多日圓之間，專書才會超過兩千日圓。除了動輒數千日元起跳的醫學專書，基本上價格都很便宜（這對讀者雖是好事，卻苦了作者跟出版社）。

　　也就是說，**一本書只要用到幾頁就足以回本**，硬要從頭讀到尾反而是浪費時間成本。

　　如同我在〈前言〉中所說，本書共有一百條學習法則，在我的特意排序和編輯下，即便沒時間讀完全部，只讀部分一樣也非常受用！還請各位依據自己的狀況調整閱讀方式。

心動不如行動

　　集中閱讀自己需要的章節才能讀出高成效。沒時間的人只讀自己想學的部分即可，不用硬著頭皮讀完整本書。

不讀無聊的書

　　如前所述，買書時可依據前言與目次來做選擇，且反覆閱讀特定章節更添成效。

　　大多書的序章、第一章都是整本書的概論，之後才在各章節分項進行討論。

　　因此，想要了解整體論述的人，可先反覆閱讀第一章，若真對內容有興趣，再讀之後的章節。

　　有些人在閱讀新出的專業書籍（尤其是專業性較高的書籍）時習慣只讀後面的章節，這是因為，這些書的前面章節通常都是收錄雜誌連載過的內容，後面才加上新寫的篇幅，所以最新的稿件都放在最後。在這樣的情況下，先讀後面才更有成效。

　　此外，有些人在買書前會先看後記，因為後記大多是作者的謝詞，看作者對哪些人道謝，大概就能明白這個人的素質與才華。據說很多編輯都是用這種方式來開發新作家。

　　上述方法應該不會花掉你太多時間，稍微翻閱一下就能做出決定。

如果你實際翻閱了一下，發現對這本書「沒有感覺」又或是感到很枯燥，那麼請不用猶豫，直接放回原位就對了！

說來遺憾，市面上流通的書籍品質參差不齊。有些出版社為了引發話題，會刻意取一些非常聳動的書名；有些編輯甚至會在沒有正確理解書中內容的情況下就決定書名。老實說，硬著頭皮把這些書讀完，只是在浪費自己的時間與金錢。

此外，書跟人也是有「緣分」的。有些別人眼中的好書，你讀起來就是索然無味。既然無緣，彼此就不用勉強，「另尋新書」才是良策。

如果不小心買到無聊的書，也不用勉強自己一定要從中學到什麼，趕快看下一本書才是符合成本的做法。

心動不如行動

當一本書讓你感到無聊，就代表現在不是讀這本書的時機，是時候往下一本書前進了。

有比較才更深入：
多讀一本法

很多民間證照都只有一本「官方課本」，這些課本大多由檢定的執行委員所寫而成，用這本書來應考基本上就萬無一失。

然而，國家證照並沒有像這樣的「官方課本」。如果你買的是出版社出的證照考試入門書，又或是各學術領域的入門書，那就要特別注意了。這類書籍有時並未收錄最新資訊，不然就是內容缺東少西，只讀一本是不足以應試的。

也因為這個原因，建議大家至少讀兩本入門書。有些入門書內容一點都不「入門」，讀兩本也有降低風險的效果。

如果你已經讀了一本內容相當充實的入門書，多讀一本更能提升學習成效。這本書三言兩語就帶過的項目，另一本書可能花了大篇幅詳述，又或是用不同方式、不同順序進行說明。多讀一本，**理解更添層次**。

若能將書中的內容用自己的話「換句話說」，就能創造更優秀的實際使用品質，寫申論題時下筆如有神助，選擇題也比較不會猶豫不決。

在執行「多讀一本法」時，可選擇不同出版社出的類似書籍，也可以選擇同一出版社但不同作者所寫，甚至是出自不同編輯之手的書

版權頁有編輯的姓名，就算是同一間出版社的作品，只要責任編輯不同，品質也會差很多。

出版是個很有趣的世界，有些編輯對自己編的書非常用心，積極將書中的概念彙整出一個方向；有些編輯則是將稿件原封不動地送印出版。身為掏錢買書的讀者，我們應該要知道這件事。

最近有不少編輯開始在出版社的推特（Twitter）上發表自己的意見，大家有興趣可以追蹤看看。

心動不如行動

入門書可一次買兩本，比較雙方內容來增加理解層次。這種「多讀一本法」可幫助我們了解自己哪裡了解得不夠深入。

打造自己
專屬的課本

買到書後，如果讀了覺得有趣，下一步就是徹頭徹尾「弄髒」它。

有些人習慣將看完的書賣掉，所以是將重點另外抄在筆記上，不會在書本上寫字。但其實，金錢是無法換回這些時間成本的，**建議大家在讀書時應盡情「放飛自我」，在重點處做記號、貼標籤，打造只屬於自己的課本。**

有鑑於大人讀書的時間很有限，我們應以「學以致用」作為讀書的前提條件。

有人認為，若是不斷亂槍打鳥，最後也能獵到不少鳥兒。但漫無目的的亂讀（濫讀）是年輕人才有本錢做的事，我們早就不是大學生了。

現在的大學相當重視知識的實際使用與使用，且不斷為此調整學習模式。即便社會對此褒貶不一，但我們還是要知道，**自己身處於一個非常講求「實際使用」的時代。**

為了將讀到的內容正確實際使用，我們必須建立一套有效的「搜尋系統」，以便查找讀過的內容。有些人甚至會為

了方便搜尋關鍵字而購買同一本書的紙本和電子書，我們無需做到這種地步，只要在書上貼上標籤，一樣可以解決這個問題。

比方說，你可以在標籤上寫下關鍵字，貼在對應的頁面上作為索引，並在內文的重點處畫線、在空白處做筆記。

我自己是用三種顏色的筆來做記號，一般筆記用黑色，讀第一次時用紅色將重點畫起來，之後就只讀紅線處，特別重要的地方再用藍筆畫線。

在讀第二次、第三次時，有時也會看到之前沒用紅筆畫到的重點，這時也可用藍筆畫起來。

要怎麼分色、做什麼記號並沒有正確答案，自己高興就好。書被畫得愈髒愈舊，才顯得愈有價值！

心動不如行動

讀一本好書，請想方設法用標籤和記號「弄髒」它，這樣才能真正讀出心得。

多寫幾次就能牢記

手有人體的「第二大腦」之稱，我們的手指到手腕分佈了無數的神經細胞，與大腦彼此連結。

「用手」能刺激大腦活化，手記、手寫都是非常有效的方式。尤其在一字一字手寫的過程中，意識方向將產生很大的差異，令人留下深刻的印象。

手寫對記憶非常有幫助，在課堂上做筆記後回家朗讀，更有活化大腦之效。

朗讀時要特別注意不懂的地方，填補這些空白處，才能將記憶連結起來。

在背英文單字和句子時，**應不斷反覆書寫，手眼併用接收資訊。在家讀書時還可邊寫邊念出聲，讓耳朵也接收資訊。**若能於當天睡前、隔天起床後、一週後、一個月後用同樣方法複習，那就近乎完美了！

用鍵盤寫文章也可刺激大腦，因為一樣是用手打、用眼看。

如果不是作家或大學老師，除了寫企劃書和商業文書，一般很少有機會寫長篇文章。或許將來有一天，你可以到研

究所進修、寫論文，又或是到部落格或臉書（Facebook）上
發文。

　　社群網站上的文章會被人看到，在這類平台上寫文章其
實是一種很好的訓練方式。

　　建議大家可在社群網站上寫一些跟自己專業相關，又或
是新聞式的文章（如果是不好公開的內容，也可先上鎖保存）。

　　不然，也可以將自己想要學習的主題「公諸於世」，用
這樣的方式為自己切斷後路，點燃讀書的鬥志。

心動不如行動

　將要背的內容多寫幾次，手眼耳並用來記憶！

要記住細枝末節，
先掌握粗略梗概

以前考歷史時，外國史繁雜的年號、人名、事件，是不是令你一個頭兩個大呢？

在準備這類科目時，一定要先看過整體流程，了解大略的概況後再細看各個小項目，才能夠記得起來。

只要遵照「大→中→小」的流程原則，就能掌握自己正處於哪個學習階段，大結構跟小事項都難不倒你。

學會框架的轉換，還能大幅提升簡報技巧。

採用這種階段性的記法，能幫助我們釐清大小項目，先理解再記憶。

所以我才會建議大家先買較為淺顯易懂的課本或入門書，在了解整體概略、比較有頭緒後，再研讀較為詳盡的書籍。有些書是在每個章節先大略介紹內容，再分細項詳述，這種書籍也是不錯的選擇。

一般來說，入門書讀起來較為「暢行無阻」，不過每個人的狀況不同，選擇對你而言較容易進行的方式即可。

　　如果因為工作需要而必須記住長篇文章或商業文書，也不要一開始就硬著頭皮猛背。

　　讀報紙也是一樣，報紙的版面本就是為忙碌的人所設計，重大新聞的標題較大，第一段就是整篇新聞的大綱。在讀報時，可將所有標題先瀏覽一遍，挑有興趣的新聞讀第一段，有時間再深入看完整篇報導。

　　商務文書或許不像報紙一般「輕重分明」，但還是建議大家先讀標題，掌握通篇要點，讀起來才更有概念。

心動不如行動

　　在沒有掌握全貌的狀態下很難記住細枝末節，應先淺略了解概要，再深入了解細項。

多考幾次就能牢記

　　近期一項認知科學的實驗結果顯示，重複測驗有助於記憶沉澱，在複習學過的內容時，**「考試型複習」比只看筆記更有效果。**

　　該實驗將受測者分成四組，請他們背四十個史瓦希利語（Kiswahili）單字，並於全部背完後實施測驗，看他們能記住多少單字。之後再分別用下列四種方式反覆測驗，直到組員記住所有單字為止。

　　① 讓組員重新背四十個單字，四十個單字都考。
　　② 讓組員重新背四十個單字，只考寫錯的單字。
　　③ 讓組員重新背寫錯的單字，四十個單字都考。
　　④ 讓組員重新背寫錯的單字，只考寫錯的單字。

　　結果顯示，每一組花費的時間相差不大，但一週後再考一次發現，①和③的組員成績較佳（池谷裕二《打造考試腦的方法》新潮文庫）。**該實驗告訴我們，相較於「重背多少單字」，「考多少試」對記憶的影響更大。**

　　現今的腦科學認為，人類的「忘記」並非真的遺忘，

「記不住」也並非真的無法記住，而是「想不起來」。

　　如同第三章所提到的，為避免想不起來，我們應頻繁地實際使用所學的東西。「考試型複習」之所以效果非凡，就是因為答題是一種實際使用的方式。

　　飯店人員之所以用姓名稱呼房客，一方面是為了向房客表達尊敬之意，一方面則是為了記住房客姓名，以免搞錯房客名字而失禮。

　　第三章已和各位談過複習的時機，如果真要牢記不忘，最有效的方式就是隨時複習、不斷複習。

　　「考試型讀書法」不一定要拿來準備考試，而是一種運用考試來幫助記憶的方法，還請各位務必實際嘗試。

心動不如行動

　　比起讀課本筆記，反覆測驗更能讓我們了解自己哪裡不熟、哪裡不會，更具學習成效！

低潮時
應轉攻為守

在學習的過程中，有時候也會對自己產生懷疑，對未來感到忐忑不安。

想必各位都有陷入低潮的經驗吧，那是一段非常難受的日子，怎麼讀就是記不起來、拼盡全力成績卻不見起色……信心也因此受到動搖。

低潮時咬牙苦讀只是在白費力氣，反而會使自己失去信心。遇到這種情形，請做自己「**做得到的事**」，不要學習新的內容。

具體而言，就是不要追進度，複習以前學過的東西，轉攻為守。

複習能重新鞏固基礎，消除可能引發不安與低潮的根源，幫助我們靜下心來讀書。

人一旦心情低落就容易看到缺點，複習時更能看到自己的不足之處。這時請不要沮喪，而是要慶幸自己有機會彌補學習上的漏洞。

陷入低潮時，請多讀自己拿手的項目，這樣可以透過成

就感來重拾信心，避免讀不擅長的內容。

　　疲勞也是導致低潮的原因之一，恢復體力也是擺脫低潮非常重要的一環。

　　這時應幫身體補充蛋白質，多吃肉、魚、大豆及乳製品，以增加血清素這種大腦神經傳導物質，配合曬太陽效果更佳。

　　另外，睡眠不足的人請**好好休息，不要逞強**。睡眠不足可能導致身心不適，應盡量設法改善。

　　若一直無法擺脫低潮，也有可能是罹患了憂鬱症，只要有一絲疑慮就不要猶豫，盡快到專科就診。

心動不如行動

　　狀態不好時，可改為複習讀過的內容。若情況還是沒有好轉，就放下書本直接休息吧！

只要專心，
就沒時間擔心

　　為防止心理健康在讀書的過程中出狀況，我們應特別注意自己看待事物的方法與思維。

　　「二分法思考」是一種很容易影響心理健康的思維方式。這種思維通常伴隨著完美主義和理想主義，將事物兩極分化，非黑即白，非敵即友。

　　假設A本來把B看作夥伴，卻在B稍微批評了自己後，就將B視作敵人，那麼A就是「二分法思考」的高危險族群。其他的例子還有稍有不順就感到絕望；事情明明就有所好轉，卻覺得這樣遠遠不夠；認為一定要考上第一名校，否則就沒有意義……等。

　　「二分法思考」通常懷抱著過度崇高的理想，認為什麼事情就應該怎麼樣，無法接受跟自己不同的看法，因而在理想與現實的落差之間深受折磨。

　　精神醫學有一種治療方式名為森田療法，該療法認為，當心理健康出問題時，不安與煩惱並不會憑空消失，這時最有效的方式是專注於眼前的事物，思考別的事情來轉移注意

力。專注不僅能讓事情進行得更順利，還能暫時忘卻負面情緒，**讓人產生「Ａ方案不行就用Ｂ方案」的想法，心情也會因此輕鬆許多。**

　　比方說，某人的第一志願是東京大學，卻因為大考失利，只考上二流大學的法學院。這時若給他一些學習上的建議，像是法學院學生該怎麼讀書，或許他就能燃起的鬥志，把名校情節拋諸腦後，專注於法律學習，在法學院內奮發向上。

　　當遇到不愉快、不順心的事情時，有時不用特別去解決，只要專注做別的事情，很快就能忘記負面情緒。

　　負面情緒並沒有錯，會感到焦慮不安是很正常的。如果轉移注意力就能讓心中忐忑一掃而空，何樂而不為呢？要羨慕別人是羨慕不完的，與其羨慕嫉妒恨，倒不如在自己的能力範圍內盡力而為。不知不覺間，你就不會那麼在意自己與他人的差異了，甚至還能超越對方呢！

心動不如行動

　　專心做某件事，將不愉快的事情拋諸腦後。

多寫題庫，
考證照更有頭緒

考證照最能看出讀書成效。現在的證照可說是五花八門，各種難度都有。

持有證照給人一種特別專業的感覺，在找新工作時，證照不僅能讓你與面試官之間更有話題，還可能成為對方錄取你的關鍵。

如果你對證照有興趣，第一步要先決定考什麼證照，第二步就是努力準備證照考試。

日本目前的證照大致上可分為兩種，一種是到專科就讀，只要取得學分就有很大的機率考上；一種則必須通過證照考試。

前者包括醫師、護理師、職能治療師……等，後者則有不動產經紀人證照、註冊會計師、稅理士……等。

因為後者必須通過考試，如何準備就顯得格外重要。原則上在準備這類考試時，**應盡可能蒐集題庫**，多寫考古題有助於釐清自我程度，訂出更適合自己的讀書方針。

考過駕照的人應該都知道，比起又厚又重的交通法規專書，買一本考照題庫才是比較實際的做法。

每種證照的難度不同，有些證照若沒有讀到一定程度是無法寫題目的。在準備這類考試時，即便涉獵未深，還是可以寫考古題、讀解說，了解一下自己要準備是哪些內容，對學習肯定有所幫助。

有些證照只要多寫幾次考古題、把答案背起來，就可以通過考試。原因很簡單，有別於講求個人特色的大學個別招生考試和公司招考，證照考注重的是該證照所需的知識與技術。

在已知考試範圍的情況下，寫考古題就足以學到需要的知識，以題庫為重心才是最快的學習途徑。

如果你要考的證照有舉辦模擬考，請務必報名參加，以利在正式考試時分配答題時間。

心動不如行動

確定自己要考什麼證照後，可先做做看考古題，確認之後要學習哪些內容，才能更好訂立讀書計畫。

考證路上不孤單

正如前一篇所提到的，每種證照的難度都不同。如果你要考的證照難度較高，建議可以去上補習班。

在美國留學期間有件事令我感觸良多，那就是「請人教比自己學輕鬆很多」。術業有專攻，事情還是要交給專業的來處理。投入新的學習時，向專家請教是最快速的學習途徑。

一般補習班的課程，都是在分析題庫後，基於分析結果設計而成。只要報名證照補習班，就不用自己分析題庫內容，跟著補習班按表操課即可。

證照補習班的老師基本上都已通過該證照考試，有許多實戰經驗可以分享。真人解說比參考書更易懂，有什麼問題也可以直接問老師。

上補習班有一個天大的好處，那就是可以結交考友。和擁有相同目標的人相處可說是受益匪淺，一方面可激發學習鬥志，還能開拓更多「線報」，互相分享考試資訊。不僅如此，有伴更能持之以恆，陷入低潮時也能有所依靠，成為彼此的精神支柱。

相較於正值青春期的考生學子，社會人士或許擁有更強韌的心理素質。但無論如何，**有志同道合的夥伴一起努力，對考試都是有所助益的**。

有些入學分數差不多的高中，最後考上好大學的人數卻差很多。為什麼會有這樣的差異呢？名校升學率較高的學校，擁有高度目標的學生通常較多，同學間大多都是彼此鼓勵，攜手前行。

如果你沒有上補習班的打算，也請盡量結交考友或是已經考上的學長姐。

建議大家可多認識短時間就能通過考試的學長姐。一般認為他們能快速考上是因為比別人聰明，但在我看來，這些人其實是掌握了考試的要訣。而我們需要的正是這些要訣，釐清哪些事做了有所助益、哪些事做了徒勞無功。

如果你的老同學或同事中剛好有這種人，請務必向他們多請教。總歸一句，請盡量認識能跟你聊考試話題的人，為自己開拓通往合格的捷徑。

心動不如行動

結交能夠一同努力的學友和考友，增添學習樂趣。

先理解再背答案，答題變得更簡單

前面在談「回想」時曾提到，增加實際使用次數有加強記憶的效果。寫考古題可幫助我們了解考試的整體方向、訂立更全面的讀書計畫，以題庫作為學習主線也是相當有效的方法。

考證照一定要寫題庫，市面上有各種難度的試題集，也有許多考古題大全。

考試有過就好，不需要考滿分，只要培養出足以通過門檻的實力即可。假設某考試要答對六成以上才合格，就必須知道自己現階段能答對幾成、還需要提升多少實力才能過關。

前面已教大家選購入門書籍的方法，要考證照的人，可先做過一次題目、得知自己程度在哪裡後，再決定要買哪本課本。

題庫跟課本一樣，必須依照自己的程度作選擇——這聽起來有點廢話，但做起來卻不簡單。要選擇符合自己程度的題庫其實是有技巧的，不能簡單到整本都會寫，那就沒有意義了；當然也不能難到完全不會寫、看解說也滿頭問號。

你需要的，**是一本無法完全靠自力答題，但看過答案就茅塞頓開的題庫**。我經常向學生強調「先理解答案再背答案」，這種方式很有效率。而符合上述條件的，就是最符合你程度的題庫。

記住答題模式後再挑戰比較難的題目，你會發現以前不會寫的題目現在都下筆如神。還請各位基於上述條件來選擇當下最適合自己的題庫。

心動不如行動

選購題庫的標準：無法靠自力答題，但看過答案就懂的程度。

精通英文讀寫，
職場平步青雲

接下來的時代，學英文有什麼意義呢？隨著網際網路的普及，我們可透過電子郵件與國外交流，就算口說並不流利，只要會寫英文就可以溝通。

有一派的人認為，如今自動翻譯功能一天比一天精確，就算不會寫英文，只要在軟體輸入自己國家的語言，還是有辦法跟外國人交流。

在某種程度上這個說法並沒有錯，雖說自動翻譯很難百分之百正確（是說人與人之間的溝通本就不是完美無瑕），但要應付工作上的對話還是可以的。

就算身處這樣的時代，噢不，正因為我們身處這樣的時代，才要好好學英文。我曾到美國留學，但聽說能力還是不甚理想。**不過，只要會讀會寫，就能替自己創造更多機會。**

若能提升閱讀英文的速度，就不用每一句都用軟體翻譯，直接讀原文比較快。

很多譯本都令人讀得很痛苦，尤其是專業書籍，內容本就艱深難懂，譯本有時候比原著還厚，要花上大把時間才能

讀完。

　　面對這類書籍又或是英文論文和報導，讀原文不僅能節省時間，閱讀過程也較能享受樂趣。

　　在這個追求快速資訊的時代，能夠用英文獲得第一手資訊、掌握整體動向的人，才能佔得上風。

　　因此，請各位務必訓練自己的英文閱讀能力，讀有興趣的文章更有助於記憶喔！

　　很多人的英文寫作比閱讀能力差，雖然這也能靠翻譯軟體解決，但翻譯出來的句子大多都不夠通順。

　　在接下來的時代，商場將更為重視英文讀寫技巧。在跟外國客戶或廠商通信時，流利的英文絕對能為你加分。

　　當然，若是能夠用英文跟客戶侃侃而談那就更好了。要如何提升英文口說能力呢？接下來見分曉。

心動不如行動

　　英文是未來不可或缺的溝通工具，建議閱讀自己有興趣的文章來訓練英文閱讀能力。

將別人的句子
占為己有

要提升英文能力,最有效的方式就是多接觸英文。

訓練英文讀寫,第一件事就是讀大量的英文。想讀什麼就讀什麼,讀興趣所向、讀工作需要、讀時事新聞⋯⋯你方便開心就好。

建議大家可閱讀自己本就有所涉獵的領域,讀起來才比較沒有障礙。舉例來說,喜歡看電影的人可讀電影雜誌,喜歡棒球的人可讀棒球雜誌,就算英文沒有太好,也能讀懂一定程度的內容。

在這邊要特別提醒大家,**文章中如果有看不懂的英文單字,即便能透過前後文大概推測出意思,之後也一定要查字典。**

這麼做能幫助我們加深印象,而且發現自己「推測正確」也是一種樂趣。若不幸「推測錯誤」,就重新讀一次文章,了解文章想表達的真正意思後心裡也會舒坦許多。除了查出翻譯,也可對照解釋來增加學識。

此外,**讀到有趣的文章或句子時,請務必抄下來,花點工夫把它背起來**,這對提升英語能力非常有幫助。

　　推薦各位這麼做其實是有原因的，那些吸引人的文章句子、遣詞用句都是經過千錘百鍊，字裡行間蘊含了強而有力的訊息。若能把這些文句「占為己有」，自然能寫出更優質的英文文章。

　　這個方法對英文口說能力也有幫助。各位在說英文前，是不是先用母語想好要說什麼，再翻譯成英文呢？在這樣的情況下，你需要培養強大的翻譯能力。尤其是在進行商務會話時，更需要轉換如流。

　　平時就要多讀跟自己工作領域有關的英文文章，背下經常用到的單字和句子，才不會在跟客戶說英文時「噤若寒蟬」。

心動不如行動

　　平時多讀自己感興趣又或是跟工作有關的英文文章，背下裡面的句子占為己有。

多結交
英文母語人士

為什麼我會認為英文的讀寫比口說流暢度更重要呢？因為我發現，比起流利與否，大家更注重說話的內涵。

假設有兩個外國人都用中文跟你說話，A說著一口流利的中文，但說話沒什麼重點；B的中文不是太好，但說話很有內涵，你會比較想跟哪一個聊天呢？當然，最理想的狀況是說得流暢又言之有物，但如果真要做取捨，還是表達能力更為重要。

近來愈來愈多人都擔心講電話會佔用他人時間，所以主要以電子郵件進行交流。在這樣的風氣下，提升讀寫能力將更有利於溝通。

問題來了，要怎麼做才能讓英文寫作能力突飛猛進呢？答案是**多結交英文母語人士，請他們幫你改錯。**

我在留學期間曾受過閱讀論文的訓練，所以對英文閱讀技巧很有自信，但寫作能力卻遲遲沒有進展，就算自己練習寫文章，感覺也只是在閉門造車。

開始寫英文論文時，朋友了介紹一位專門修改論文的人

士給我認識，在他的教導下，我學會了寫英文論文的各種技巧，除了文法、遣詞用句，還包括如何增強說服力，這讓我對寫作變得充滿自信。

如果你的公司或學校剛好有英文母語人士，或許可以請他們幫忙。若沒有，就請朋友介紹，又或是在社群網站上徵英文寫作的語言交換。

透過電子郵件互動是很好的練習，當然也可以實際見面聊天來提升會話能力。要注意的是，不是每個英文母語人士文筆都很好，在拜託對方幫你改文章之前，請先確認一下他的學歷或能力。

總歸一句，學英文就是不要怕「聽不懂」、「不會說」，請務必擺脫自卑情結，努力讓自己晉升為「英文讀寫達人」。

美國的識字率沒有日本高，只要學會讀寫英文，對方很可能就會對你刮目相看。結交可以讓你坦然問問題的外國朋友，英文肯定會突飛猛進。

心動不如行動

找英文母語人士幫你改英文作文，矯正你電子郵件或會話的用字。

學習古典思想，開創國際舞台

接下來的時代，會讀寫比會說英文更能創造價值。

在這樣的時代背景下，「文字溝通」變得比以往更為重要，讀寫能力將成為舉足輕重的文化涵養。

很多人都推崇生活化的口語英文，但其實，**說「死板」但文法正確的英文，才能顯現出一個人的高知識水準。**

說口語英文感覺比較沒有距離，容易遭人輕蔑。說死板的文句雖然給人一種一絲不苟的印象，但在正式的談判場合較能居於上風。

「敬語」能讓對方感受到你的知性，或許會讓人產生疏離感，但在職場上說敬語是絕對必要的。

在國外，尤其是歐美國家非常注重知識水準，展現出高文化涵養絕對能為自己加分。

比起模仿藝人或是表演才藝，他們更看重能對莎翁戲劇、康德（Immanuel Kant）、歌德（Johann Wolfgang von Goethe）侃侃而談的人。

這些對西方人而言，就像是東洋文化中的論語和漢詩，精英階層對了解這些文化背景的人特別有好感，若能跟他們

暢聊西方文化又介紹自國文化，就能贏得他們的尊敬。

　　日本一般對「笛康叔」（笛卡兒〔René Descartes〕、康德、叔本華〔Arthur Schopenhauer〕）抱持著威權主義的印象。但其實這些人的思想在國際間廣受好評，相當受到重視。

　　歷史上那些舊制高中出身的人物之所以能夠在國際間大展長才，除了因為能說一口流利的外文，更是因為他們在文化涵養上質量兼優。這些思想不單單只是歷史遺物，而是全人類的遺產。

　　只要在搜尋引擎輸入名作中的知名台詞，就能輕而易舉查到這些句子的英文。將這些句子背起來，絕對是有益無害。

心動不如行動

　　我們應多閱讀國外名作、記住知名台詞的英文。建立高知識涵養，發展國外業務才能暢行無阻。

別讓見解
限縮了你的眼界

說老實話，我並不喜歡讀小說。小時候我成績最差的科目是國文，無論我怎麼努力，就是沒辦法解讀文中人物的心境。

當上精神科醫師後我才又開始讀小說，一方面是為了更了解「人」在想什麼，一方面是為了尋找拍電影的題材。這一讀我才發現，自己大致上都看得懂了。

如前篇所述，**記住名作、古典作品的故事與知名情節有助充實文化涵養，不僅可添增聊天話題，還能在簡報時加以運用。**

現在閱讀名作已不再是難事，很多知名作品都被改編為漫畫，讀起來既輕鬆又有趣。

很多人都喜歡歷史，聚餐時沒話聊時拿歷史作為話題，席間肯定有說有笑。建議大家平時多閱讀有趣的歷史故事，市面上有很多這類書籍。

對歷史有興趣的人，可以閱讀比較正式的歷史入門書。有些人喜歡讀歷史小說或英雄傳記，有些人喜歡研究平民百

姓的生活。**歷史可以從各種角度切入，能接受各種觀點、見解的人，才是真正有見識的人**。

此外，我們可從歷史中學習教訓，以備將來失敗之需。在研讀歷史時，請時常抱持疑問，思考事情的前因後果。

有件事還請各位特別注意，因歷史牽扯到思想與信念，跟人談歷史其實是件非常困難的事（你也可以利用這一點來與對方拉近距離），一味單方面地敘述自己的想法，很有可能會令對方感到不悅。

因此，要跟人聊歷史請務必做到以下三件事，①向對方表示自己的見解並非絕對，②展現出積極的態度，學習跟自己不同的見解與思維，③找到自己與對方見解的相同之處，並表示認同。

既然要學，就不要畫地自限，沈浸在自己的見解之中。抱持拓寬眼界的學習態度是非常重要的！

心動不如行動

研讀歷史與文學請勿堅持單一見解，從多方角度切入更能引發聽者共鳴，還請各位在這方面多加練習。

研讀心理學，
才能在職場如魚得水

　　有很長一段時間，日本社會並不推崇學心理學。在很多大學中，心理學只是隸屬於文學院的一個專攻，而文學院本來就比較不好找工作，所以專攻心理學的學生畢業後多以考公職為主。

　　其實有很多公司都很需要心理統計人才，廣告公司就是其中之一。然而，大多學生在考大學時都不知道這件事，就算對心理學有興趣，頂多也只會在通識課選修社會心理學。

　　直到大家發現心理學對其他學術領域的影響（如行為經濟學），才開始對心理學徹底改觀。事實上，心理學與企業管理也息息相關。

　　隨著阿德勒心理學所帶起的風潮，日本才跟上國外的腳步，開始將心理學運用在工作或學習上。

　　美國社會相當尊敬學心理學的人。在他們眼中，心理學家能夠判讀人心，再加上美國文化底蘊多有交涉協商，所以對心理學家抱有特別的敬意。

　　對某些美國精英階層而言，看精神科醫師就像家常便

飯，他們花費高額醫藥費向優秀的精神分析師求助，以確保自己在工作時能夠發揮實力不失常；英國的綜合醫院也經常介紹病患接受精神分析治療。

　　日本雖然沒有歐美國家那麼看重心理學，但**現在有愈來愈多人將商務心理學運用在協商談判和團隊管理上**，在接下來的時代，企業可能會特別要求人事專員具備一定程度的心理學知識，現在也有不少人將心理學運用在簡報發表上。

　　我會向各位推薦心理學，並不是因為我自己是精神科醫師，而是真心認為心理學是一門今後非常值得學習的科目。除了我寫的書，市面上還有很多心理學方面的入門書，希望各位都能找到適合自己閱讀的作品。

心動不如行動

　　心理學在職場上也非常實用，各位可先從自己有興趣的心理學入門讀起。

培養興趣
才能常保年輕

　　我的興趣是品嚐紅酒，日本有本暢銷書叫做《商業人士必備的紅酒素養》（渡邊順子著，大是文化出版），**「興趣能拓展人脈」這句話真的一點都不假**，我就是靠學習品酒交到了許多朋友。

　　如果你的興趣比較大眾，能參加的社團就比較多。加入社團不僅能取得各種相關資訊，一群志同道合的人聚在一起，通常會更努力鑽研興趣，希望能得到同好的青睞，這對彼此都是很好的刺激。

　　就我自己的經驗而言，學興趣最好是一群人一起學。建立起同好網後，你的生活將面臨前所未有的多采多姿。

　　現在社群網路上有各式各樣的嗜好興趣社團，要找到同好非常容易。

　　興趣不僅能拓展人脈，還能抗衰老。

　　如果每天都做一樣的工作、過一成不變的生活，額葉就會因為缺乏刺激而減少活動，進而加速情緒老化，年紀大了還可能會罹患失智症。

　　尤其是超過四十歲的商務人士，更應該設法培養興趣，發展公司外的人際關係。只跟同事客戶來往將導致刺激不足，退休後很容易迅速變老，這樣的狀況尤其見於男性。

　　這類商務人士老後通常很排斥老人院，若不參加興趣社團，就幾乎沒有機會動腦了。尤其是公司頭銜愈高的人，一般都不太能夠接受自己跟一群人一起活動，這樣其實老得更快。

　　為避免這樣的情形，**我們應在日常生活中添加各種變化，設法讓自己面臨各種「意料之外」的情況**，而培養興趣就是最快的捷徑。

心動不如行動

　　盡可能為自己增加工作以外的刺激，像是培養興趣，又或是開拓公司外部的社交圈。

讀書的地方夠亮，學習成績才亮眼

最近「客廳學習法」可說是備受矚目的話題。大家之所以會注意到這個方法，是因為很多東京大學的學生都表示自己考大學時都是在客廳念書。為什麼在客廳唸書效果會比較好呢？

一般的客廳採光都很好，不然就是燈具較多，是家中比較明亮的地方。人待在比較亮的地方時，身體就會分泌名為血清素的神經傳導物質，這時人會比較安心，心態也會比較開朗積極。

讀書需要充足的日照或燈光，雖說太亮的環境會使人感到刺眼，但在昏暗的房間工作容易導致心情低落，再加上房間的誘惑較多，有時讀著讀著就開始玩電腦、看手機。

客廳有父母或家人在一旁「監視」，所以比較不會偷懶。此外，坐太久會對身體不好，而客廳較為方便走動，對身體比較好。

最近不少商務人士會特地到共用空間處理工作或讀書，這類空間雖然有雜音，但光照充足，又可隨時起身走動，也是不錯的選擇。

　　此外，一直在同一個地方讀書或工作會使人感到厭倦，進而降低做事效率，所以在環境上還是得有適度的變化。覺得讀不下去時，可以移動到客廳，又或是去外面的咖啡廳。你也可以趁著泡澡、上廁所時背書，陽台也是不錯的選擇。有上證照補習班的人，也可到補習班的自習室念書。

　　建議大家可以嘗試各種大小的空間、明亮陰暗、人多人少，找出最適合自己的讀書環境。若能找到多個更好，需要時還可換個環境轉換心情。

　　在家裡念書比較容易被雜務干擾，又或是受到各種娛樂的誘惑，出門念書能避免這樣的情形。為自己打造一個「只能讀書」的空間是非常重要的，還請大家特別注意。

心動不如行動

　　多找幾個適合自己讀書的環境，阻斷一切誘惑，專心讀書。

第 **6** 章

學以致用的
實際使用術

實際使用過
才知道自己懂了多少

完成學習後，下一步就是實際使用。

大人的進修尤其要以實際使用為目的，因為大人的時間有限，學習成果也多以「實際使用多少」為評量，若不實際做出成果，就感覺不到努力的價值。

從另一個角度來看，**實際使用能幫助我們確認自己學會了多少**。

實際使用還能幫助記憶，因為實際使用的方式通常是手寫或是說給人家聽，過程中必須不斷回想，進而達到記憶沉澱的效果。

以實際使用為目的來學習，學習品質就能有所不同。

當學習是為了實際使用，我們就不能單獨看待知識，必須思考該如何將知識與其他事物連結。

假設主管想知道你的新企劃可以如何創造銷量，要你分析暢銷的環境背景和社會情勢。這時若不夠了解顧客購買產品的原因，就無法清楚闡述自己的觀點。

唯有正確掌握各項事物連結的人，才能夠一語中的，用

最確切的語句讓對方了解自己的想法。

在學習時，明確以實際使用為目的，就能自然而然地留意到重點，像是哪些地方不夠清楚、哪些地方可能會被人質疑。

若沒有這樣的自覺，就只能被動地接收資訊，眼睜睜地看著自己付出的努力化為烏有，無法學以致用。因此，請各位在讀書時一定要將「實際使用」放在心上，培養「資訊加工能力」。

心動不如行動

讀書應思考該如何實際運用所學，準備考試則可多做考古題，以掌握題目的形式與方向。

實際使用要多練習
才會進步

　　還記得前面提到的「記憶三階段」嗎？最後的「回想」階段指的就是實際使用。我們讀書學習新知，透過複習來儲存記憶，若在最後階段無法順利實際使用，就無法考得好成績、做出精彩的簡報。

　　為什麼實際使用總是不如預期呢？就我自己的觀察，**很多人的實際使用訓練明顯不足**。日本學生在準備大考時很少練習寫題庫，對此我感到非常疑惑，為什麼不寫呢？是擔心寫不好嗎？大家應該具備正確的觀念：「一開始『不會』是理所當然，重點在於怎麼做才能從『不會』到『會』。」

　　為此，我們必須設想自己會被問到哪些問題，縮小範圍來專攻重點。

　　實際使用訓練對大人來說非常重要，經過反覆練習，才能夠給出對方要求的答案。

　　無論是考證照還是做簡報，都必須將所學化作可用的型態，也就是學以致用，「只學不用」是沒有意義的，

　　實際使用訓練的重點在於**「學得所用」，在有需求時運**

用所學。

你可以把填充題整題背起來，又或是記住選擇題的正確跟錯誤項目。這麼做不是為了把題庫記住，而是為了實際使用。若單憑讀參考書、上講座課程的記憶，實際使用時很難充分發揮實力。

簡報也是一樣，應盡量將學到的東西運用在簡報之中。很多人做簡報缺少活用，就只是在單純展現學識，白白浪費學習過程中所付出的努力。

我們應多練習、多實際使用，才能在人前大顯身手，緊緊抓住好不容易得來的機會。有練習跟沒練習，效果真的差很多。

心動不如行動

讀書是為了充分發揮成效。在準備考試或簡報的過程中，請務必勤練習實際使用。

持續實際使用
有助獲取資訊

　　日本人一直以來都給人勤奮努力的形象，這本身是件好事，但換個角度來看，日本人其實很被動。

　　日本人經常滿足於「聽講」，以至於學習效果往往不盡人意，也無法將知識變成自己的東西。

　　考大學和考證照是為了在考試時實際使用，那學其他東西是為了什麼呢？學習一定要設立出口，像是為了讓自己更有想法、為了培養獨特的見解、為了預測未來……等，我們必須設法運用學到的知識，否則無論學到了什麼，最終都將隨著時間風化。

　　實際使用究竟能讓我們得到什麼？我認為大致上有三個好處。

　　第一，**實際使用能讓我們在社會上保有一定地位**，不斷展現知性有助於建立學識淵博的形象。

　　假設你今天跟同事去喝酒，席間跟他聊到今天早上在電視上學到的新知，當下或許只換來同事的冷嘲熱諷：「這不是今天早上電視播的內容嗎？」但如果你不斷向別人分享自

己學到的知識長達十年，人家就會覺得你學富五車、才高八斗。不過還是要拿捏分寸，以免惹人討厭。

第二，**實際使用有助於記憶沉澱**。像是前面提到的題庫學習法，就對準備考試非常有效。

實際使用本身就是一種記憶訓練法，反覆練習的複習方式有加強記憶的功效。重點在於「實際使用」，將學到的東西用自己的話說一遍，又或是在文章中引用。

第三，**實際使用有利於獲取資訊**。假設同學會的會刊請你寫一篇介紹自己工作專業領域的文章，但因為專精是一回事，要寫成文章又是另外一回事，所以在撰稿的過程中，你還是得蒐集各種相關資料數據，將所學的知識彙整出一個脈絡。

實際使用讓我們有更多機會聽取別人的意見，進一步獲取更多資訊。還請各位致力打造實際使用的良性循環。

心動不如行動

學習新知是為了實際使用，但有時候實際使用也是為了獲取更多新知。

持續實際使用，
練出好口才

　　正如前面所提到的，我們應盡量跟別人暢聊自己學到的新事物，內容不拘，甚至可以是當天早上看電視學到的新知。這種把別人說的話拿出來現學現賣的做法，對實際使用訓練其實非常有效。

　　看到這裡也許有人心想：「抄別人的有什麼意思？」但模仿強者是一種很好的訓練方式。再說，真的有所謂的「純原創」嗎？事實上，人在選擇要說什麼時，就已經帶入主觀情感了。

　　建議大家可收看新聞談話節目，並將內容彙整過後說給別人聽。

　　這種以現學現賣為前提的學習方式，能幫助大腦養成「先彙整資訊再記憶」的習慣，進而大幅提升學習效率。若對方聽完後提出疑問，你就可以進一步查詢更多資料，讓學習更加深入。

　　現學現賣遭到「拆穿」或許有點丟臉，**但只要堅持下去，這些知識最後都會變成你的。**

　　先把面子放在一邊，盡情地現學現賣吧！慢慢地你會發

現，自己的談話已在不知不覺中出現「雛形」。

對口才有自信後，下一步就是闡述自己的觀點。

要讓實際使用更具價值，一定要提出獨特的觀點。但是，「與眾不同」需要很大的勇氣，想必很多人都擔心在說出不同意見後被貼上特立獨行的標籤，又或是不被當一回事。

要避免反感其實是有技巧的，像是主動提出預想之中的反駁論點、先肯定對方再提出自己的主張、放慢說話速度……等。

最重要的是擁有一顆堅強的心，就算別人否定你的說法，也不用放在心上。要知道，對方只是在否定你的說法，不是否定你這個人，別因為這樣就沮喪氣餒，之後還是要繼續表達自己的意見。

要注意的是，我們的想法也可能有失公允，在表達意見之餘，也別忘了時時刻刻懷疑自己。

心動不如行動

學到新知後請大方地現學現賣、說給別人聽，一步步將知識「占為己有」。

由易入難緩衝心情

學以致用的第一步就是通過考試，第五章已介紹過準備證照考試的方法，本篇要教大家如何在正式考試時發揮最大實力。

一般而言，**在正式考試前最好先參加模擬考**，練習分配答題時間，對考試非常有幫助。

若沒有舉辦模擬考，就請確認考試是電腦畫卡還是手寫答題，如果是採電腦畫卡，在估算答題時間時，就必須算入畫卡的緩衝時間。

到考試前一秒都還有機會提升實力，請各位留意自己的身體狀況，抓緊時間專攻重點。

很多人考試當天會很緊張，這是無法避免的，事實上，適度的緊張感能幫助我們振奮精神，反而是件好事。

要注意的是，千萬別讓自己緊張到陷入恐慌。為避免太過緊張，考試請從簡單的題目做起，讓自己在時間和心情上有所緩衝。

考試開始後，請先看過整份考卷，找出簡單的題目，並大致分配答題時間。考過模擬考、已擬定時間分配的人，也

可以在這時進行對照和確認。

讀過題目後，先寫自己會寫的短答題，心情會比較平靜一些（但還是要小心題目中的陷阱）。

閱讀測驗、聽力測驗等題型，請先閱讀題目跟選項，作答時比較容易抓住重點。

最重要的，是不到最後絕不放棄。

突然想不起來？也許寫到一半就會想起來；選擇題不會寫？那就猜一個選項吧！堅持到最後一刻，關關難過關關過！

心動不如行動

考試緊張是很正常的。在拿到考卷後，先從簡單的題目開始寫，平靜一下心情。最重要的是千萬別放棄，努力到最後一刻！

愈寫愈「型」：
模型寫作法

寫作是實際使用不可或缺的技巧，接下來要教大家如何在寫作時下筆成章。

前面提到，我小時候的國文成績很差，為了國文可說是煞費苦心。我不擅長分析人物的心境，也很清楚自己大考國文不可能拿高分，所以在準備大學入學考的國文考試時，我把得分重點集中在漢字的讀音，以及題型比較固定的漢文題。

不過，現在很多人都說我的文章流暢好讀，甚至對我的文筆讚賞有加。

我雖然國文不好，但在寫作時非常注意兩件事，一是淺顯易懂，二是條理分明。

我並不追求修辭和文章的精緻度，而是**將語句放入固定的「模型」之中**。這種方式比較容易彙整出邏輯脈絡，而且愈寫愈順手。

如果你自認文筆不佳，請務必套用模型來練習寫作。

基礎模型如下──

整篇文章大約八百字，開頭先提出問題，然後於第二段闡述自己對該問題的看法。如果問題是用「What」（～是什麼）來問，就寫出答案；如果是用 Yes（是）或 No（不是）來問，就明確表達出自己的態度。第三段先進一步加強說明，最後一段再歸納整理，做出簡單的總結。

這套模型有助於表達自己的想法，並逐漸通曉寫作之道，讓寫文章變成一件輕鬆快樂的事。

過度追求華麗的辭藻，只會導致遲遲無法下筆。我們首先要做的，是讓自己習慣用文章表達意見。

另外要提醒大家，**寫作一定要先訂出標題**。標題可以是暫定的，有了標題，論點才能更加明確。

寫完文章後，別忘了檢查標題是否「文不對題」，這個步驟也能幫助我們再次確認文章的論點。

心動不如行動

寫作無須操之過急，一開始可先運用文章模型來練習。

不再「望幕興嘆」：
目次寫作法

上篇介紹了短文的寫作方式，若還是沒有概念，可以參考本書每一篇（兩頁）的寫法。本篇要教大家如何將短文結合成長篇文章。

說來遺憾，要將學到的知識實際使用成文章並不是件簡單的事，大多時候我們總是坐在電腦前望著螢幕，想打些什麼卻文思枯竭。

有些人天生就深諳寫作之道，但即便沒有這方面的才能，也不用太過悲觀。

我自己**寫文章前會先製作一份「寫作腳本」，作為寫作的指標與導引**。這份腳本簡單來說就是文章設計圖，包括要寫的內容和順序，如果是要寫書，就列出暫定的目次。

腳本能幫助我們釐清自己要表達什麼、用什麼論點來向讀者論述。

很多不擅長寫作的人，都是在沒有設計圖的情況下直接「開寫」。這種做法就算本來會寫，也不知從何下筆。

　　我在寫這本書前，也製作了一份寫作腳本，先列出大略的章節結構，再分配一百條法則。有了主題和法則後，只要將每篇的說明放入「模型」之中即可，所以寫作過程相當順利。

　　不過，在實際寫作的過程中，還是有內容重複又或是一篇不夠說明的情況。

　　所以過程中必需不斷微調整（不瞞各位，這篇也是後來才加進去的），並時時對照當初寫的腳本，以免整體結構失去重心。

　　目次能反映出一本書的鋪陳結構，以及編輯和作者的用意。各位可參考各種書籍的目次來學習論述的方式。

　　寫短文時也可製作寫作腳本，以防內容出現疏漏。

心動不如行動

　　寫長文應先製作寫作腳本，大致上描繪出成品的輪廓。

想什麼就寫什麼，
小心陷入「多重述語危機」

前面兩篇已告訴大家長文的論述鋪陳非常重要，本篇要縮小範圍，教大家如何寫出簡單易懂的句子。

不擅長寫文章的人，經常會發生主述語混亂重複的情況。若什麼都沒想就開寫，寫到最後很容易不知所云。

舉個例子：

我的研究主題是正在學組織心理學。

讀起來是不是怪怪的呢？這句話有多重述語的問題，「我的研究主題」為主語，本該對應「組織心理學」這個述語，但這裡卻多了一個述語「正在學」，所以讀起來才會不流暢。如果「想什麼就寫什麼」，沒有將腦中的句子整理過後再實際使用，就很容易寫出這種句子。有些語言的主語和述語是分開的，比較不常寫作的人，一不小心就會出現多個述語。

　　因此，剛開始寫作時應「非常刻意地」將主述語分清楚，文章有點生硬也沒關係。比方說，上面的句子可先去掉多餘的動詞：

　　　　我的研究主題是組織心理學。

然後再加上補充的內容：

　　　　我的研究主題是組織心理學，研究主管應如何提升團隊績效。

　　這麼一來，就比較不會出現主述語混亂，又或是主述語「遙遙相望」的情形。對寫作的初學者而言，不用太追求華麗辭藻，有明確的主述語比較重要。

心動不如行動

　　剛開始寫作時應縮短句子的長度，要特別注意主述語之間的對應關係。

精進文章表達能力：
借文寫作法

上篇說到句子的主語和述語應顯而易見，但這僅限於初階寫作，一直寫這種簡單句子給人一種有失專業的感覺。

寫作較為上手後，就可以試著省略主語，但要小心不要讓讀者混淆。

什麼時候能省略主語，什麼時候又不能呢？這並沒有正確答案，必須視情況而定，並考慮讀者讀起來的感覺。

揣測「讀起來的感覺」並不是件簡單的工作，有時候你認為的理所當然，別人讀完卻是滿頭問號。

現在很多人都有上社群網站發文的習慣。在社群網站發文尤其要謹慎而為，若沒有表達清楚，很有可能會遭人誤解，甚至被人分享出去、引來更多誤會。

如果鋪陳論點已是得心應手，句子也沒有主述語混淆重複的情形，這時就可以執行「**借文寫作法**」，進一步寫較有內涵的文章。

這個方法如其名所示，就是「借用別人的文章或句子」。當然，一字不漏全抄就成了「盜文」，這裡說的是

「借文」。

我高中的英文老師曾說：「**英文作文是英文借文。**」這句話也成了我「借文寫作法」的靈感來源。外國人寫英文作文必須很注意文法，寫起來非常耗費心力。若能找一篇跟自己想法差不多的文章，再代換成自己需要的單字，寫英文作文就快多了。

孩子學說話並非死背文法，而是模仿大人說的話又或是故事書裡的句子，「借文寫作法」所運用的就是孩子牙牙學語的道理。

「借文」的對象可以是任何文章，像是報紙專欄、人氣部落格、作家隨筆……等。遇見好文章是件令人期待的事，各位可以多讀一些文章，從中尋找佳作。

找到不錯的文章，就將裡面的佳句抄起來「備用」。以前也有人用這種方法來鍛鍊文筆，到了一定程度後，就會慢慢找到屬於自己的文章節奏感。

心動不如行動

想要精進文章表達能力的人，可找幾篇自己喜歡的文章，以這些文章作為基底進行寫作練習。

聽眾不再聽不懂：
結論先行簡報法

　　本書最後要教大家如何精進上台說話的技巧。上台說話的原則和寫作差不多，都是運用框架模型然後反覆練習。

　　一般人認為簡報的第一步是提出問題點，但其實，**一開始就丟出結論**才是最好的作法。

　　先丟出結論，接著介紹結論的依據與論證，繼而補充說明背景等資訊，最後再帶到一開始的結論。

　　這套流程相當簡單，但實際練習的人卻很少。事實上，只要稍做練習，就能大幅提升簡報的說服力。

　　讀文章時看不懂還可以回頭再讀一次，但聽簡報一旦聽不懂，之後很容易就跟不上。

　　因此，我才建議各位一開始就說出結論。這麼一來，聽眾就能放鬆心情聆聽，即便中間有聽不懂的地方，也大概能知道你想表達什麼，在腦中描繪出你所描述的樣貌。

　　另外要提醒大家，有些人不擅長寫長文，上台說起話來卻滔滔不絕。要知道，簡報是有時間限制的，並不是在聊天，這時如何把話說得簡潔有力就顯得格外重要。

　　建議各位可**使用「定時」的方式來練習**，先講五分鐘，太長就縮短成三分鐘。順帶一提，本書的編輯說他寫文章總是長篇大論，上台卻沒講幾句就想下台，所以他每次都心想，為什麼一定要逼我上台講話？聽眾不能看我寫的稿就好嗎？只能說，每個人的狀況真的都不同。

　　此外，簡報也可使用固定「模型」來練習，先試著套用「模型」，然後反覆大聲練習，直到能夠掌握去蕪存菁的技巧。

心動不如行動

　　練習簡報時應先丟出結論，訓練自己在規定時間內講完要說的內容。

提升演說品質：
熟能生巧法

上篇談到了「簡報」的技巧，本篇要教大家如何練習長篇演說。

日本人一般給人不擅長在人前說話的印象。日本注重一團和氣，害怕樹大招風，與崇尚表達意見的歐美文化有所不同。

但我認為，日本人之所以在台上不善言辭，主要是因為經驗和預演次數不夠。

美國非常注重演說，看他們的總統大選就知道，候選人的演說技巧高明與否是贏得選戰的重要關鍵。

政治人物在正式上場演說前會不斷預演排練，甚至錄下自己練習的過程，確認有無需要改進的地方。

一般認為美國人非常擅長即興演說，但其實，很多所謂的「即興演說」都是事前找專業寫手寫好講稿、經過多次演練設計出來的產物。

我們不是政治人物，只能自己當自己的專業寫手。

很多人都以為演說是一種天賦，覺得自己不擅長在人前說話是因為天生缺乏這方面的能力，所以從不為自己寫講

稿，更別提事前練習了。這其實是錯誤的觀念，**請各位在上台前務必幫自己撰寫講稿。**

寫講稿時，必須先想好大致上的順序，然後思考開場的爆點，設法吸引聽眾的注意力。之後再安排如何說明主題、中間穿插哪些故事和逸聞趣事，最後再達到最高潮。這些都必須仔細推敲，步步為營。

寫完講稿後，接下來就是練習，若有講起來不順的地方就予以訂正，慢慢將整份講稿背起來。

練習過程中請盡可能找人來當你的聽眾，雖然這麼做有點難為情，但總比在正式上場時丟臉好。

多練習幾次後，你會發現自己愈講愈順。**待演說技巧有所提升後，下一步就是增加故事的趣味性。**

平常與人聊天時，可試著思考如何把話講得更有趣、說什麼人家聽了才會高興，把聊天視作一種款待。多了這個步驟你會發現，自己的演說技巧跟以前有如天差地別。

心動不如行動

演說前應先準備講稿並不斷練習。

加深談話內涵：
忠言逆耳法

　　簡報、演說都必須不斷練習，本篇要進一步討論「如何闡述比較艱難的內容」。

　　什麼是「艱難」呢？有些艱難是有正確解答的，像是考試中難度較高的問題。但有些艱難是沒有正確解答的，像是社會問題，難在必須闡述自己的意見。

　　關於前者，我一般都會建議考生：「遇到較難的問題就去教別人，愈教愈能掌握要領。」

　　教別人能幫助我們釐清解題要點，在遇到難題時更能看出問題關鍵。這不僅能精進說明的技巧，還有加深理解之效。

　　至於後者，可嘗試向個性比較自命不凡，又或是喜歡批評事物的人來進行說明，藉此提升自己對艱難內容的闡述能力。

　　這類人說話或許比較難聽，但世上大多人不是懶得問問題，就是擔心自己問的是蠢問題，所以很少人願意提出質疑。就這個層面來看，**逆耳忠言可說是稀世珍寶**。若能將這

些「難聽話」用自己的方式加以消化、將內容理解得更加透徹，就能增加演說的內涵與深度。

你是否也有過度畏懼批評的傾向呢？要知道，只要闡述自己的想法，就一定會有人與你持不同或反對意見。在提出想法之前，請先做好「被批評」的心理準備，並設想可能會被問到的問題，事先備好答案應對。

待對這一切得心應手後，還可在內容中故意留下批判的空間，讓別人針對這些漏洞提問，然後再回覆早已準備好的答案，幫助自己佔得上風。**套一句國際間常說的話：「沒人反駁就代表沒人關注。」**

無論是內容還是技巧，我們都應坦然面對批評與質疑，因為這些將都將成為助長內涵的養分。

心動不如行動

要提升人前說話的技巧，就必須放下恐懼，不斷嘗試實際使用，坦然面對別人的批判與質疑。

参考文献

池谷裕二　『受験脳の作り方：脳科学で考える効率的学習法』新潮社、2011年

加藤秀俊　『独学のすすめ』筑摩書房、2009年

加藤昌治　『考具：考えるための道具、持っていますか？』CCCメディアハウス、2003年

柳川範之　『独学という道もある』筑摩書房、2009年

柳川範之　『東大教授が教える独学勉強法』草思社、2014年

山口　周　『知的戦闘力を高める　独学の技法』ダイヤモンド社、2017年

和田秀樹　『大人のための勉強法』PHP研究所、2000年

和田秀樹　『［和田式］大人のためのハイスピード勉強法』PHP研究所、2009年

和田秀樹　『定年後の勉強法』筑摩書房、2012年

和田秀樹　『五〇歳からの勉強法』ディスカヴァー・トゥエンティワン、2016年

和田秀樹　『勉強したくなった人のための 大人の「独学」法』大和書房、2017年

和田秀樹　『40歳から始める「脳の老化」を防ぐ習慣』ディスカヴァー・トゥエンティワン、2018年

和田秀樹　『精神科医が教える　すごい勉強法』総合法令出版、2018年

和田秀樹　『60歳からの勉強法：定年後を充実させる勉強しない勉強のすすめ』SBクリエイティブ、2018年

和田秀樹　『発達障害の子どもが自己肯定感を高める最強の勉強法』日本能率協会マネジメントセンター、2019年

和田秀樹監修　『大学受験の神様が教える　記憶法大全』ディスカヴァー・トゥエンティワン、2014年

渡辺順子　『世界のビジネスエリートが身につける　教養としてのワイン』ダイヤモンド社、2018年

和田秀樹（WADA HIDEKI）

一九六〇年生於大阪府，東京大學醫學院畢業。

曾於東京大學醫學院附屬醫院精神神經科擔任精神科醫生助理、美國卡爾梅寧哲精神醫學院（The Menninger School of Psychiatry）擔任國際院士。

目前是東京雷內診所（ルネクリニック東京院）院長。

作為一名專門研究高齡者的精神科醫生，從事高齡者醫學工作已有30多年。

同時也是許多書籍的作者，包括暢銷書《80歲的牆》（『80歲の壁』、幻冬舎出版）和《70歲是衰老的十字路口》（『70歲が老化の分かれ道』、詩想社出版）等作品。

國家圖書館出版品預行編目資料

最強學習法大全：能實現超高效學習成果的 100 個技巧／
和田秀樹著；劉愛夌譯 . -- 初版 . -- 臺中市：晨星出版有限
公司，2023.02
　　面；　公分 . --（勁草生活；528）
譯自：インプットの効率を上げる勉強術 100 の法則
ISBN 978-626-320-345-7(平裝)
1.CST：學習方法
521.1　　　　　　　　　　　　　　　　　　111019556

歡迎掃描 QR CODE
填線上回函！

勁草生活 528	**最強學習法大全**
	能實現超高效學習成果的 100 個技巧
	インプットの効率を上げる勉強術 100 の法則

作者	和田秀樹
譯者	劉愛夌
選題	王韻絜
執行編輯	謝永銓
校對	謝永銓
封面設計	陳語萱
內頁編排	黃偵瑜
創辦人	陳銘民
發行所	晨星出版有限公司
	407 台中市西屯區工業 30 路 1 號 1 樓
	TEL：04-23595820　FAX：04-23550581
	E-mail：service-taipei@morningstar.com.tw
	http://star.morningstar.com.tw
	行政院新聞局局版台業字第 2500 號
法律顧問	陳思成律師
初版	西元 2023 年 02 月 15 日（初版 1 刷）
讀者服務專線	TEL：02-23672044／04-23595819#212
讀者傳真專線	FAX：02-23635741／04-23595493
讀者專用信箱	service@morningstar.com.tw
網路書店	http://www.morningstar.com.tw
郵政劃撥	15060393（知己圖書股份有限公司）
印刷	上好印刷股份有限公司

定價 350 元

ISBN 978-626-320-345-7

Original Japanese title: INPUT NO KORITSU WO AGERU BENKYOJUTSU 100 NO
HOSOKU
Copyright © Hideki Wada 2020
Original Japanese edition published by JMA Management Center Inc.
Traditional Chinese translation rights arranged with JMA Management Center Inc.
through The English Agency (Japan) Ltd. and AMANN CO., LTD.
Traditional Chinese translation copyright © 2023 by Morning Star Publishing Co., Ltd.
Printed in Taiwan